우승섭골프특강

기술과 실천 5

The Art of Golf

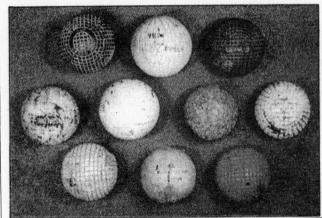

19세기 중엽에서 말엽까지의
카터퍼챠골프공의 초기제품들
위 : 겨울에 사용되었던 보드
    러운 볼, 패터슨사 제품
중앙 : 스폴딩사 제품의
    카터퍼챠 볼
아래 : OCOBO라는 상호가
    박혀 있음

코플랜드 도기로 만든
골프 소재의 골동품

골프용품 기념관에
진열된
20세기 초의
골프공 박스

우승섭골프특강 5

기술과 실천

명지사

추천의 말

많은 분들의 경우가 그렇겠습니다만 저의 경우도 예외는 아니어서 한때는 골프의 골자만 나와도 어머 뜨거라 손사래를 내저으며 한 10리쯤 밖으로 튀어 달아날 채비를 차리던 시절이 있었습니다. 오랫동안 체육기자 생활을 해온 터여서 골프를 배워 보라는 권유를 주위로부터 꽤 심심치 않게 받는 처지였지만 그때마다 "내 주제에 골프는 무슨……." 그러면서 아예 골프라는 게 저와는 전혀 아무런 연관도 없는 것쯤으로 치부해 버리곤 했습니다.

50년대 우리 농구의 스타 플레이어였던 金永基씨(현 신용보증기금 전무이사)가 한번은 이런 얘길 했습니다.

"농구가 재미있어서 농구 선수 생활을 해왔지만 골프를 해보니 이 세상에서 제일 재미있는 운동이 골프인 것 같다."

그래도 "골프가 그렇게 재미있으면 혼자나 하슈." 속으로 콧방귀만 뀌어댔었지요.

그러던 제가, 또 많은 분들의 경우가 그러했듯이 정말 우연한 기회에 골프채를 잡게 되었습니다. 골프를 시작해 보니까 이처럼 재미있는 운동이 없다던 金永基씨의 말이 아니더라도 정말 재미있어 죽겠지 뭡니까.

골프를 가기로 약속한 전날 밤이면, 옛날 국민학교 때 원족 가기 전날 밤 꼭 그 뽄새로 가슴이 울렁거려 잠을 이룰 수 없었고, 그렇게 뜬눈으로 새운 뒤 택시를 잡아타고 이른바 새벽탕까지 다니게 됐습니다.

그런데 한 가지 딱한 것은 어떻게 좀 맞아주는 날이면 그렇게 재미가 있는데 영 맞지 않는 날엔 오히려 스트레스가 겹쌓이는 것이었습니다.

 워낙이 재주가 없는데다 게으르고 그리 꼼꼼하지 못한 성격이어서 안내서를 열심히 찾아 읽는 것도 아니요 연습장엘 자주 가는 것도 아니니 잘 맞지 않는 것이 너무나 당연할 수밖에요.

 그러던 차에 스포츠서울에 연재되는 '우승섭골프특강'을 대하게 됐습니다.

 우승섭골프특강이 다른 안내 책자들보다 제 관심을 끈 것은 실전에 아주 필요한 지식들을 적절한 경우를 예로 들면서 쉽게 풀어주기 때문이었습니다.

 차차 우승섭 선배가 부러워지기 시작했습니다. 그 재미있는 골프를 그렇게 잘 치시는데다 이렇게 해박한 이론·지식까지를 갖추셨으니 저로서는 이 세상의 그 누구보다도 우승섭 선배가 놀라워 보였습니다.

 우승섭골프특강 3,4,5권째책을 내시면서 저에게 글을 써달라는 청을 하시길래 저는 펄쩍 뛰며 사양을 했습니다. 분에 넘치는 영광이긴 하나 정말 이런 글을 쓸 자격이 없는 것을 잘 알기 때문이었습니다.

 그러나 우승섭골프특강을 매우 재미있게 읽고 있고 또 그 덕도 많이 본 편이어서 그냥 무작정 사양만 하는 것도 예가 아니라 생각되어 저와 같은 처지의 분들이 혹시 계시다면 이 책을 한번 읽어보시라는 뜻을 여기에 적습니다.

스포츠서울 편집국장 유 홍 락

어드레스
—Address—

어드레스 땐 상체를 약간 숙여라

공을 맞히는 순간(Impact) 클럽 헤드의 속도가 빨라야 공은 멀리 날아간다. 이 장타의 비결도 어드레스 자세가 결정적인 역할을 하게 된다. 플레이마다 어드레스 자세는 각기 달라도 주저앉은 자세보다는 서 있는 자세가 골프의 기본 자세다.

분명히 골프는 앉아서 하는 경기는 아니다. 서서 하는 골프, 그것은 너무나도 당연한 일이다. 그렇지만 실제로 앉아 있는 자세에서 공을 치는 사람이 많으니 문제는 심각하다. 어드레스 때 무릎을 꺾고 엉덩이를 밑으로 떨군 채 마치 의자에 앉아 있는 모습으로 서 있는 사람이 많다는 뜻이다.

이렇게 앉은 자세는 다운스윙 때 몸이 앞으로 쏠리면서 균형을 잃게 된다. 그러면 체중 이동도 몸의 회전도 피니시마저 없는 스윙이 되고 만다. 체중이 발 끝에 걸리면서 허리까지 앞으로 쏠리기 때문에 오른쪽 팔꿈치가 몸에 걸려 팔을 자유롭게 쓸 수 없게 된다. 그러면 자연히 클럽 헤드의 가속이란 기대할 수조차 없게 된다. 무릎은 꺾는 것이 아니라 다소 여유 있게 굽히는 것이다. 상체는 공 쪽으로 약간 숙이면 되지만 이것도 무릎을 꺾고 숙이는 것이 아니라 엉덩이를 뒤로 빼고 선다는 느낌이 앞서야 한다. 이때 어깨를 둥글게 앞으로 오므려서도 안 된다. 오히려 허리에서 등까지는 곧게 펴져 있는 느낌이어야 한다.

편안하게 서 있는 자세에서 허리 위를 앞으로 숙이면 이것이 장타를 만들어내는 기본 자세인 것이다.

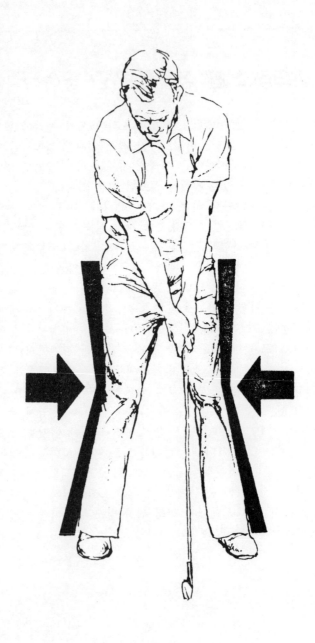

어드레스 땐 양 무릎을 조여줘라

그립과 어드레스가 잘못돼 있으면 아무리 좋은 스윙을 하려고 애를 써도 그 노력은 헛수고가 되고 만다. 여기서 중요한 것은 어드레스 때 적당히 굽힌 두 무릎을 안으로 약간 조이는 것을 잊어서는 안 된다는 사실이다. 조인다고 해서 무릎이 딱딱해질 정도로 X(엑스)자로 조이라는 말은 아니다. 골프 이론에서의 표현은 그 내면 세계의 참뜻을 이해할 줄 알아야 한다. 그 대표적인 것이 스윙은 느릴수록 좋다는 말은 빨라서는 안 된다는 말로, 무릎을 조이라는 말은 무릎이 벌어져서는 안 된다는 말로 이해해야 바른 해석이다. 이런 것들이 말(또는 글) 속에 담겨진 참뜻이다.

본론으로 돌아가서 어드레스 때 무릎을 약간 조이면 체중은 어느 정도 발 안쪽에 걸리게 된다. 만일 무릎이 벌어지면 체중은 양쪽 다 밖으로 치우치게 되어 백스윙 때 몸(어깨)이 돌아가지 않는다. 그 다음 중요한 것은 백스윙의 순서다. 백스윙을 유도하는 것은 손도 아니고 허리도 아니다. 백스윙은 왼쪽 어깨부터 움직여야 몸이 제대로 꼬이게 된다.

또 어드레스 때 왼팔과 클럽은 대체로 일직선상에 놓이게 된다. 즉 팔과 클럽은 따로따로 있는 것이 아니라 하나로 이어진 일체감을 느껴야 한다. 바로 여기에 일반 산술과는 다른 등식이 성립되는 것이다. 일반 산술에서처럼 1(왼쪽 팔)+1(클럽)=2가 아니라 1이어야 하는 것이 골프 스윙에서의 수식이다. 이 원리는 백스윙에 들어가서도 마찬가지다. 백스윙 때 손으로 끌면 2가 되고 어깨로 밀면 1이 된다. 이것이 1+1=1의 원리다.

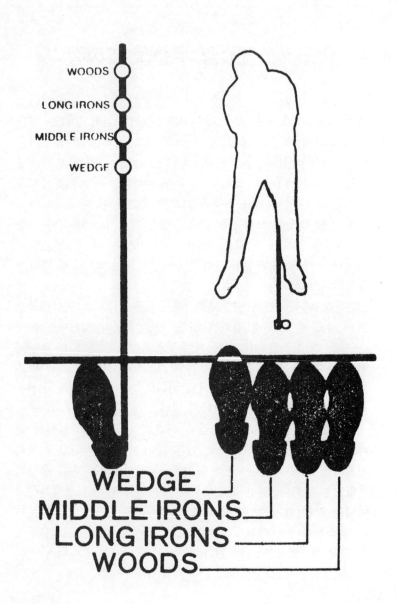

WOODS

LONG IRONS

MIDDLE IRONS

WEDGE

WEDGE
MIDDLE IRONS
LONG IRONS
WOODS

왼발은 타격의 기준, 항상 고정하라

드라이버샷 때 왼발 뒤꿈치 앞에 놓았던 공을 클럽이 짧아질수록 안쪽(오른쪽)으로 옮겨놓는 방식은 어떤 의미에서는 골프 이론을 무시한 낡은 방식이다. 공의 위치가 일정해도 사용하는 클럽에 따라 타구의 높이는 달라진다. 로프트가 큰 클럽은 탄도가 높아 땅에 떨어진 공은 멀리 굴러가지 않는다. 그러나 로프트가 작아질수록 점점 탄도는 낮아져서 땅에 떨어지면 멀리 굴러가는 것이 클럽과 탄도와 구질의 3각관계다.

이처럼 타구의 탄도의 높낮이와 런(Run)이 많고 적은 것은 골라 잡은 클럽에 맡기면 되는 것이지 억지로 조작할 필요까지는 없다. 그렇기 때문에 그린 앞에 벙커나 연못 같은 장애물이 있는 홀을 공략할 때에는 그린에 떨어지면 바로 멎는 구질의 공을 치지 않으면 안 된다. 이런 때 로프트가 큰 피칭웨지나 샌드웨지는 최적의 무기다. 반대로 런이 많은 공을 치기 위해서는 로프트가 작은 클럽을 택하면 된다. 이렇게 해서 상황에 맞는 클럽 선택은 필요한 구질을 만들어내게 된다.

공의 위치가 항상 일정하게 유지되는 타법은 거리에 따라 스탠스의 폭만 좁아지면 된다. 그렇기 때문에 기둥발인 왼발을 고정시키고 오른발만 좁히면 되는 것이다.

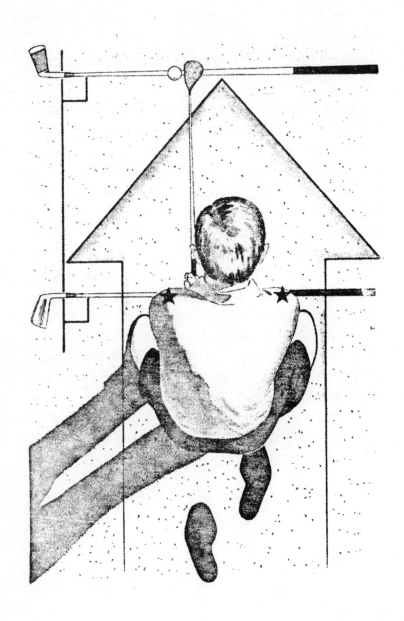

안쪽 발 어깨는 목표선과 평행되게

어드레스의 기본 자세는 스탠스, 무릎, 허리는 물론 어깨의 선까지도 모두 목표선과 평행이 돼야 한다. 이것이 소위 직각의 원리다. 누구나 골프를 처음 배울 땐 이 원리에서부터 출발해야 바르고 쉽게 배울 수 있다. 프로 골퍼가 오픈 스탠스나 클로즈도 스탠스를 선호하는 경향이 없는 것은 아니지만, 그들도 처음에는 직각의 원리에서 출발하고 있으며 어느 정도의 기량이 갖춰지면 개성에 맞는 방법으로 전환하게 된다. 다시 말하면 어떤 특정인이 쓰고 있는 변형된 방법은 기본을 완전히 이해하고 터득하고 나서 개성을 살리는 응용 방법임을 알아야 한다.

일반 아마추어 골퍼가 프로 골퍼의 겉보기 동작만을 모방하는 일이 많은데 이것은 별로 도움이 되지 않을 뿐만 아니라 오히려 골프를 어렵고 복잡하게 만들 뿐이다. 스퀘어 스탠스에서 오른발 끝을 목표선과 직각이 되게 놓는 것은 오른발은 상체를 충분히 돌려주기 위한 기둥발 역할을 하기 때문이다. 이와 반대로 왼발 끝을 왼쪽(목표 쪽)으로 약간 벌리는 것은 백스윙 때 오른발 안쪽으로 옮겨갔던 체중을 다운스윙이 시작되면서 몽땅 왼발 쪽으로 자연스럽게 옮겨지게 하기 위한 사전 배려에서다.

어드레스 자세에서 오른발 끝을 목표선과 직각이 되게 놓으면 백스윙 때 상체를 보다 완전하고 힘있게 돌아가게 해서 그 힘을 이용해서 다운스윙을 주도할 수 있기 때문이다.

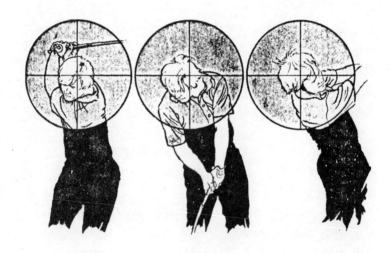

코 끝이 공을 향하도록 머리를 들라

직각의 원리에 따라 어드레스를 해도 머리가 아래로 숙여지면 스윙의 균형은 무너지고 만다. 무거운 머리가 떨어진 채 균형을 유지하려면 무릎을 많이 굽혀서 엉덩이가 아래로 가라앉도록 하지 않으면 안 된다.

그러나 골프는 앉아서 하는 운동이 아니라 서서 하는 운동이다. 바로 서서 스윙에 적합한 균형 있는 자세를 유지하려면 머리를 들어올려야 한다. 머리가 떨어지면 등도 둥글게 굽어서 스윙 동작이 부자유스러워진다.

이런 상태에서 무리하게 어깨를 돌리면 이번에는 상체가 오른쪽으로 움직이고 만다. 백스윙 때 체중은 왼쪽에서 오른쪽(오른발 안쪽)으로 이동하지만 몸까지 따라가는 것은 아니다. 물론 머리를 든다고 턱까지 치켜들라는 말은 아니다. 머리를 들어 공을 자연스럽게 바라볼 수 있도록 코 끝이 공 쪽으로 향해 있으면 된다. 그러면 등도 똑바로 펴지고 어깨에 군힘이 들어가지도 않는다.

어드레스 자세가 좋으면 뒤통수와 등뼈가 똑바로 일직선으로 서 있는 것을 느끼게 된다.

스윙 준비가 정확하면 미스샷은 없다

누구나 생각하는 일이지만 사람의 몸은 매우 복잡한 구성 조직을 가지고 있다. 어떤 정밀한 로보트가 완성된다 해도 사람보다 우수한 기계는 만들어낼 수 없을 것이다. 말하자면 사람의 몸은 우수한 컴퓨터로 조작되는 정밀기계처럼, 아니 그 이상으로 버튼을 누르지 않아도 생각만으로 척척 움직이는 기계인 셈이다.

그렇기 때문에 스윙의 준비 단계(어드레스)에서 정확하게 공을 맞힐 수 있는 요소를 사전에 완벽하게 만들어 놓으면 그 다음은 순리에 맞게 몸을 돌려주는 것만으로도 충분히 공을 정확하게 맞힐 수 있다. 이것은 스윙의 준비 단계가 정확하면 잘못된 몸 동작은 일어나지 않는다는 말이다. 만일 스윙의 준비 과정에서 잘못되면 불과 1초 정도밖에 걸리지 않는 임팩트까지의 짧은 시간 안에 어떤 형태로든 잘못된 동작을 수정하려는 본능을 발동하게 된다.

그렇지 않으면 잘못된 원인대로 결과를 낳게 되는 미스샷이 되고 만다. 그렇지만 스윙 중에 궤도 수정을 하는 것 같은 불필요한 동작을 한다는 것은 스윙 자체를 망치는 결과가 된다. 만일 숙련된 솜씨로 스윙 도중에 궤도 수정을 하면서까지 직구(나이스샷)를 날릴 수 있다손 치더라도 복잡한 스윙은 언젠가는 무너지고 만다는 스윙의 소박한 진리를 알아야 한다. 일단 무너진 스윙은 바로 잡기가 어려운 것이 골프 스윙의 생리다. 이런 뜻에서 골프를 분석해 보면 '시작이 반'이 아니라 전부인 셈이다.

준비 단계(어드레스)의 여하에 따라 타구가 결정된다는 스윙의 살아 있는 생리를 좀더 심각하게 생각할 필요가 있다.

초보자는 아이언보다 우드를 써라

골프채 14개는 각기 기능을 달리하는 용도가 있다. 그런데 일반적으로는 우드 클럽은 거리를 내기 위한 클럽이어서 초보자라도 연습공을 치고 나면 야구 홈런만큼이나 공을 보낼 수 있는 것이 우드 클럽이다. 바로 이와 같은 장타의 매력(아니 가능성)은 골퍼를 노예로 만들게 된다. 어쨌든 일반 골퍼에게는 롱아이언보다는 우드 쪽이 쓰기 쉽다고 느끼게 된다. 그것은 드라이버는 판판한 팅그라운드에서 그것도 공을 티 위에 올려놓고 칠 수 있기 때문이기도 하지만, 처음부터 치기 쉬운 곳에 공이 있을 때에만 쓰게 되는 것이 우드 클럽이기 때문이다. 말하자면 클럽 자체의 구조가 그렇게 돼 있는 것이 우드 클럽이다. 또 다른 이유는 우드 클럽을 사용할 때는 목표 지점의 폭이 넓어 마음 놓고 칠 수 있기 때문이기도 하다. 이처럼 롱아이언샷이나 어프로치샷에 비해 목표의 폭이 넓다는 것도 심리적으로는 큰 위안이 되는 부분이다.

더욱이 우드 클럽 중에서도 5번 우드(Cleek) 같은 것은 종전에는 보조적인 역할을 하는 클럽 정도로 여겨 왔지만, 초보자나 힘이 약한 사람에게는 롱아이언을 쓰기에는 아무래도 힘이 모자라 그 대용품으로 애용하는 대단히 유효한 클럽임에 틀림이 없다. 5번 우드는 로프트나 타구 거리가 3번 아이언과 같으면서도 클럽 헤드의 밑바닥(Sole)이 넓어서 쉽게 공을 띄울 수 있다는 장점이 있다.

왜글로 힘 빼는 요령을 익히자

팔의 힘줄이 튀어나올 정도로 그립을 꽉 잡고 있으면서도 자기 자신은 힘을 넣고 있다는 것조차 모르는 것이 골프에서의 힘의 조화(?)다. 오죽하면 힘 빼기 3년이라고 하겠는가. 골프를 배우고 나서 힘을 뺄 줄 알면 이미 골프가 뭔지 알 만한 경지에 이른 증거다. 결국 잘못된 부분을 지적받아야 비로소 그 잘못을 알게 되는 것인데, 이것은 골프를 배우는 아주 자연스러운 과정이다. 이때부터 스윙이 좋아지는 예는 흔히 볼 수 있는 일이다.

그렇지만 남한테 지적을 받지 않고 혼자 느끼는 자가 진단의 방법은 없는 것일까. 어깨와 팔에 힘이 들어가면 나긋나긋한 샤프트의 휘청거리는 맛(?)이 팔까지 전달되지는 않는다. 그래서 왜글(Waggle)이라는 준비 동작이 필요한 것이다. 그립을 잡은 두 손을 그대로 둔 채 클럽 헤드만을 들어올려서 좌우로 흔들어 본다. 이때 가볍게 들어올려지면 이미 힘은 빠진 상태고 그렇지 않으면 클럽 헤드가 쉽게 들어올려지지도 않을 것이다. 또 가볍게 클럽 헤드를 좌우로 흔들 수 있으면 이젠 팔힘은 완전히 빠진 상태가 된다.

이런 방법으로 힘 빼기 훈련을 하면 남의 도움을 받지 않아도 자가 진단의 능력을 키울 수가 있다. 무거운 물건을 두 손에 들었을 때 그 물체의 무게가 손을 통해 느껴지면 이미 힘이 빠진 증거다. 이때부터는 아무 생각 없이 클럽을 휘두르는 일(스윙)과 동작만이 남게 된다. 아무리 힘 빼기 3년이라지만 3일만에도 힘 빼는 요령을 알 수 있는 것이 골프의 묘미다.

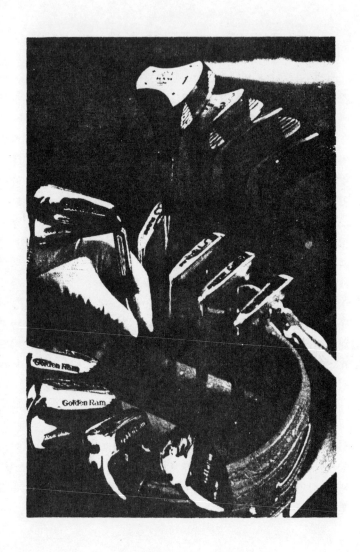

한 가지 클럽만이라도 자신 가져야

티샷은 드라이버, 러닝어프로치는 7번 아이언…… 이런 식으로 판에 박힌 골프는 정석 같으면서도 초보자의 영역을 벗어나지 못한 편협한 클럽 선택 방법이다.

티샷이라고 반드시 드라이버를 써야 한다는 원칙은 없다. 1983년 영국 오픈에서 우승한 톰 왓슨은 첫날과 2일째는 4회, 3일째는 6회, 그리고 마지막날에는 5회밖에 드라이버를 쓰지 않았다는 것이다. 물론 이것은 영국 오픈이 열리는 코스가 유달리 어려운 것도 이유가 되기는 하지만 장타만으로는 게임에 이길 수 없다는 것을 말해 주는 대목이기도 하다. 거리는 같은 값이면 짧은 것보다는 긴 것이 좋은 것이 분명하다. 그렇다고 골프는 결코 장타를 몇번이나 날렸는가에 따라 스코어가 매겨지는 것이 아니라 몇 타만에 홀아웃했는가에 따라 타수가 계산되는 그런 스포츠다. 그렇기 때문에 홀컵 속에 넣을 때까지는 여러 가지 종류의 타구가 필연적으로 있게 마련이다. 클럽이 14개나 있는 것도 그런 이유에서다.

그래서 14개의 클럽 전부를 자신 있게 쓸 줄 아는 것이 가장 바람직하지만 그것은 지나친 욕심이다. 14개의 클럽 중에서 한 가지만이라도 자신 있게 다룰 수 있으면 아마추어 골퍼는 그것으로 충분하다. 그 한 개의 클럽이 드라이버라도 좋고 퍼터라도 상관하지 않는다. 물론 자신 있게 다룰 수 있으면 클럽의 수가 늘어날수록 좋지만 그럴 수는 없기 때문에 결정적인 한 개의 클럽만이라도 자신 있게 다룰 수 있는 기량만은 절대로 필요하다.

명문 코스는 골퍼가 만든다

골프장에는 명문 코스라는 곳이 있다. 아니 골프장마다 명문이라는 문패를 달고 자화자찬에 열을 올린다. 그렇다면 명문 코스란 과연 어떤 곳일까. 코스의 생김새(Layout)는 물론 시설이 훌륭해야 하고, 예약 제도에서부터 플레이 진행에 어설픈 데가 없어야 한다. 더욱이 회원과 내장객의 품위가 타의 모범이 되는 우아한 맛이 있어야 한다.

또 골프장 안에 플레이어의 행동을 규제하는 게시문 같은 것은 일체 없어야 한다. 흔히 볼 수 있는 '금연' '코스 보호' '정숙'같은 글귀가 붙어 있으면 이미 2류 3류의 골프장임을 자초하는 행위다. 더욱더 가관인 것은 팅그라운드에 쳐져 있는 출입 금지를 강요하는 철조망(?)이다. 이러고도 명문 코스 운운하는 자격이 있단 말인가. 관

리의 잘못은 여기에만 있는 것이 아니다. 내장객의 대부분은 주인격인 회원이고 골프장측은 회원을 대표해서 관리 운영하는 위탁 경영자의 입장에 서야 한다. 어느 모로 보나 주객이 뒤바뀐 한심한 현실이 우리나라 골프장의 현주소다. 개장 전에 입도선매식으로 회원권은 팔려 나간다. 입도선매는 추수 후에 곡식이 매수자에게 돌아가지만(소유권), 골프장의 입도선매는 개장 후에도 계속 그 소유권은 골프장에 남는다. 언젠가는 시정돼야 할 골프장의 운영관리제도다.

싫으면 그만두라는 양도 가능의 생색을 앞세울 수는 있다. 그래서 골퍼는 늘어나도 국민의 호응은 받지 못하고 있는 것이다. 회원이 주인인 골프장이 탄생되는 날 명문 코스의 참모습도 찾아볼 수 있을 것이다.

백 스 윙
Backswing

테이크백할 때 동작을 일정하게

골프 스윙에서 리듬은 매우 중요한 요소 중의 하나다. 바로 그것이 타이밍이고 템포다. 자기 자신의 리듬을 찾아내 어떤 상황에서도 그 리듬을 지킬 수 있어야 미스샷을 최소로 줄일 수 있다. 첫타를 치고 나서 제2타의 지점까지 허겁지겁 달려가 클럽을 잡자마자 공을 때린다면, 아무리 기량이 뛰어난 골퍼라도 나이스샷보다는 미스샷이 훨씬 많을 것이다. 또 어드레스를 하면서 이런저런 잡념에 팔린 채 스윙을 해도 결과는 보나마나다.

스윙을 할 때에는 숨을 쉬는 것까지도 신경을 써야 한다고 했다. 공에만 집중해야 비로소 자기의 리듬에 맞는 스윙을 할 수 있게 되고 최고의 나이스샷도 기대할 수 있다. 그러나 일반적으로 이런 일정한 리듬을 가진 아마추어 골퍼는 많지 않다. 타구 때마다 어드레스에서 테이크백까지의 리듬 감각이 다르고 스윙의 타이밍도 각각 다르다. 그러면서도 리듬의 중요성을 강조하거나 중요시하는 사람이 많지 않다.

이것은 골프가 기술적인 것만이 전부라고 알고 있기 때문이다. 이렇게 중요한 리듬은 스윙의 초기 단계에서 결정된다. 스윙이 좋고 나쁜 것은 80% 이상 어드레스에서 백스윙이 시작될 때까지의 '리듬'으로 판기름된다. 클럽을 골라 잡고 한두 번 흔들어 본(Waggle) 후 백스윙에 들어갈 때까지의 불과 몇 초 되지 않는 짧은 시간 동안의 동작을 항상 일정하게 한다면, 스윙 자체의 타이밍도 몸의 균형도 흐트러지지 않는 타구를 할 수 있게 될 것이다.

백스윙 때 머리를 약간 오른쪽으로

아마추어 골퍼의 가장 큰 약점은 공을 때리고 나서 클럽을 던져주지(폴로스루) 못하는 데 있다. 과연 그 원인은 어디 있을까. 모든 잘못을 아랫 것(?) 탓으로 돌리는 사회 풍조…… 이에 질세라 골프의 모든 미스샷을 '헤드업' 때문이라고 매도해 버리는 현실이 안타까우면서도 수긍이 가는 면이 없는 것도 아니다.

뒤땅을 치면 '머리가 움직였기 때문'이고 토핑을 해도 '헤드업' 때문이다. 말하자면 동네 북처럼 얻어맞는 것이 '헤드업'인 셈이다. 미스샷을 했을 때에도 머리가 움직이게 되는 것은 사실이지만 이것은 결과지 절대로 원인이 될 수는 없다. 그런데도 마치 원인인 것처럼 몰아세우기 때문에 얼떨떨해질 뿐이다. 백스윙 때 머리가 절대로 움직이지 않으면 어떻게 될까. 두말할 것도 없이 어깨의 회전을 방해해서 스윙이 되지도 않을 것이다.

백스윙 때의 머리는 위, 아래, 왼쪽으로 절대로 움직이면 안된다. 오른쪽으로는 약간 움직여도 괜찮다. 아니 움직여야 스윙이 부드러워진다. "머리를 움직이지 말라"는 고정 관념에 사로잡히면 테이크백(백스윙이 시작되는 초기 단계) 때 머리를 움직이지 않으려고 공에서 눈을 떼지 않게 되고 머리를 못박듯 고정시키게 된다. 이런 상태에서는 아무리 몸을 비틀어도 어깨가 돌아가지 않으며 스윙을 크게 할 수도 없게 된다. 그러면 어깨는 90도, 허리는 45도 돌려야 한다는 스윙의 이상적인 회전 운동을 반으로 줄이는 결과가 되는 것이다.

불안을 덜려면 백스윙은 천천히

아무리 기본에 충실하고 원리에 맞는 스윙을 할 줄 알아도 실제 타구 때 그것이 그대로 되지 않는 경우는 많다. 원숭이가 나무에서 떨어지는 격으로 어쩌다 미스샷이 나는 것이·아니라 스윙의 원리를 전혀 모르는 초보자처럼 말이다. 연습장에서는 그렇게도 자신만만하게 때릴 수 있었던 공인데 코스에만 나가면 미스샷의 연속이다. 이것은 한 마디로 말해서 공을 앞에 놓고는 클럽을 자신 있게 휘둘러 주지 못하기 때문이다.

골프는 '자신 있게' 스윙을 해야 나이스샷을 기대할 수 있다. 어디 골프뿐이랴……. 매사에 '자신'이 없다면 충분한 기량을 발휘할 수 없다. 골프 코스에는 벙커, 연못, OB 등 플레이어의 신경을 건드리는 장애물들이 많다. 이런 장애물에 일단 마음을 빼앗기면 한없이 불안만 쌓이게 된다. 타석에 들어서서 (어드레스를 하고 나서) 목표를 정하면 그곳으로 공이 날아가든 안 가든 간에 '자신 있게' 스윙을 해야 한다. 마치 연습공을 칠 때처럼 말이다.

나이스샷의 기본 조건에는 여러 가지 요소가 있지만, 기술적인 것을 제외하면 '자신'이라는 심리적인 것뿐이다. 물론 자신 있는 스윙은 기술적인 기초가 없으면 불가능한 것이기도 하다. 기술적으로 자신을 갖게 하는 결정적인 역할을 하는 것이 무릎의 역할이요, 삼각형의 원리를 지키면서 백스윙을 천천히 (급하지 않게) 시동하는 일이다. 이것만 지키면 일단 나이스샷을 보장받는 안정권에 들어간다.

백스윙 때 왼쪽 어깨를 돌려 줘야

거리를 늘리려는 피나는 노력도 보람 없이 어느 새 거리가 줄어드는 계절이 돌아왔다. 스윙은 어깨가 돌면서 체중 이동이 수반되어야 하는데 날씨가 차면 겹겹이 껴입은 옷 때문에 어깨는 돌아가지 않고 체중만 이동하게 된다. 이런 때일수록 꼭 알아야 할 것은, 백스윙 때 체중이 오른쪽으로 이동하는 것은 허리와 어깨가 오른쪽으로 이동하기 때문이 아니라는 사실이다.

아마추어 골퍼가 열심히 연습공을 치면서도 뿌린 만큼 거두지 못하는 것은 스윙의 원리를 잘못 알고 있는 착각 때문이다. 예를 들면 백스윙 때 왼쪽 어깨를 앞으로 숙이면서 이것을 마치 어깨를 돌린 것처럼 착각하거나, 허리와 어깨를 오른쪽으로 수평 이동하면서 이것을 완전한 체중 이동인 것처럼 착각하고 있는 것들이다. 다시 말하면 백스윙 때 왼쪽 어깨가 돌아가면 체중 이동은 말할 것도 없고 스윙에 필요한 다른 동작까지도 자동적으로 원리대로 뒤따르게 된다.

이 기본적인 원리를 잘못 이해하면 여러 가지 착각을 제멋대로 일으키게 된다. 물건을 옮길 때에도 여러 가지 방법이 있다. 미는 방법, 끄는 방법……. 이와 마찬가지로 백스윙 때 클럽을 오른쪽으로 끌어올리는 방법에도 여러 가지가 있다. 손이나 팔만으로 클럽 헤드를 낮게 끌어올리려고 하면 스웨이(Sway)가 되거나 눈이 클럽 헤드를 따라가게 된다. 이것을 왼쪽 어깨를 돌리면 자동적으로 팔은 따라 돌고 그립을 잡은 두 손도 자동적으로 돌아간다. 그렇기 때문에, 백스윙 때 왼쪽 어깨만 돌려 주면 클럽 헤드는 어김없이 제 길을 따라 올라가게 된다.

체중 이동 무리 없어야 힘 생긴다

백스윙은 어깨가 완전히 돌아가야 클럽도 들어올려지게 되지만, 이때 체중이 오른발로 이동하지 않으면 어느 정도 이상은 어깨도 안 돌고 클럽도 올라가지 않는다. 그리고 다운스윙에서는 체중이 왼발 쪽으로 옮겨져야 자연스럽게 클럽을 휘두를 수 있다. 이렇게 체중이 좌우로 이동하는 것은 몸의 회전운동에는 없어서는 안 될 절대적인 요소이다. 골프의 백스윙은 야구에서 투수가 와인드업(Wind-up)하는 것과 같은 이치다.

와인드업(백스윙) 때 체중이 왼발에 남아 있으면 아무리 훌륭한 투수라도 충분히 허리를 돌릴 수도 없고 던지는 공도 위력이 없을 것이다. 이와 반대로 다운스윙 때 체중이 오른발에 그대로 남아 있으면 허리의 회전은 정지되고 원심력을 살린 자연스러운 폴로스루를 할 수 없게 된다.

장타를 위해서는 체중 이동의 폭이 커야 한다고 강조해도 그것이 부드럽게 이동하지 않으면 몸 전체의 균형은 무너져서 스윙 자체가 흔들리게 된다. 이때 몸의 균형을 유지하게 하는 것이 하체의 힘(Foot-Work)이다. 골프 스윙에서 두 다리의 역할은 기본적으로 일상 생활의 운동 원리와 같다. 길을 걸을 때 한쪽 발로 균형을 잡으면서 다른 발로 내딛는다. 체중이 왼발 오른발로 번갈아 옮겨지면서 균형은 유지된다. 골프 스윙의 원리도 이와 마찬가지다.

백스윙 때에는 오른발이 축이 되어 균형을 잡고, 다운스윙에서는 왼발이 중심이 되어 균형을 잡는다. 그래서 체중 이동에는 두 발의 역할이 중요한 것이다.

왼쪽 손등 방향 일정해야 만점 스윙

하나(1)를 보면 열(10)을 안다고 했다. 여러 가지 종류가 있는 것처럼 보이는 골프 스윙도 알고 보면 한 가지뿐이고, 이것만 제대로 할 수 있으면 나머지는 보나마나 만점 스윙이 가능하다. 스윙의 목적은 보다 멀리, 보다 정확하게 공을 목표 지점으로 보내는 데 있지만, 공을 맞힐 때 바로 맞히면 틀림없이 공은 바로 날아가게 된다. 이것이 콩 심은 데 콩 나고 팥 심은 데 팥 나는 식의 스윙의 원리이고 골프의 진리다.

클럽을 바로 들었다 바로 내리면 공은 영락없이 바로 날아간다. 이것이 소위 직각의 원리인 스퀘어 투 스퀘어(Square to Square) 의 기본인 셈이다. 클럽을 들어올릴 때(Backswing) 왼쪽 손등의 방향을 바꾸지 않은 채 어깨와 두 팔을 돌려주면 클럽 페이스의 방향은 직각을 유지한 채 올라가게 된다.

테이크백 때 왼손의 등이 밑으로 엎어지면 클럽 페이스는 닫혀지고 위로 비틀면 클럽 페이스는 열려서 올라가게 된다. 이런 상태에서 공을 맞히면 그것이 훅이다, 슬라이스다 하는 결과로 나타나게 된다. 아무리 스윙 감각이 뛰어나고 순발력이 특출한 사람도 공을 맞히는 순간(Impact) 비틀렸던 클럽 페이스를 직각으로 되돌리기에는 시간이 너무 짧아 거의 불가능에 가깝다.

이렇게 클럽을 직각으로 들어올리는 연습용으로는 5번이나 7번 아이언이 안성마춤이다. 이것은 어느 클럽이나 스윙은 한 가지라는 이론을 실험하는 좋은 기회이기도 하다.

백스윙 때 어깨를 *90°이상 돌려라*

스윙이 좋고 바쁘고는 백스윙에서 결정된다. 나이스샷도 미스샷도 결과는 임팩트에서 나타나지만 그 원인은 백스윙에서 찾아야 한다.

그래서 클럽을 끌어올릴 때(Backswing) 어디에 치중하는가 하는 문제는 매우 신중하게 다뤄야 할 요소이긴 하지만 그것도 사람에 따라 많은 차이가 난다. 몸 전체를 써서 백스윙을 하는 사람이 있는가 하면 전적으로 어깨만 돌리는 것을 염두에 두고 백스윙을 하는 사람도 있다. 그런가 하면 어드레스 때 어깨와 그립 사이에 만들어진 삼각형을 무너뜨리지 않는 것을 강조하면서 백스윙을 하는 사람도 있을 것이다. 어느 쪽을 강조하든 백스윙만 정확하게 할 수 있으면 그것으로 충분하지만, 일반적으로는 어깨의 회전이 부족한 것을 백스윙의 문제점으로 삼는다.

스윙은 공을 힘있게 맞히기 위한 동작이다. 스윙의 목적 중의 하나인 공을 멀리 보내기 위해서는 어깨가 충분히 (90도 이상) 돌아가지 않으면 안 된다. 어깨가 덜 돌아가면 아무래도 손으로 클럽을 들어올리게 되고 그러면 공을 맞힐 수는 있어도 멀리 보내기는 힘들다. 그렇기 때문에 어떻게 하면 어깨를 쉽게 돌릴 수 있을까 하는 문제만큼 관심을 끄는 것도 없을 것이다. 의식적으로 어깨를 돌린다고 해도 실제로 백스윙이 시작되면 생각만큼 어깨가 돌아가지 않는다. 이런 때에는 서슴지 말고 왼팔만으로 클럽을 들어올리면 어깨는 충분히 돌아가게 될 것이다.

백스윙 때 오른팔꿈치는 땅을 향하게

골프 용구가 발전함에 따라 스윙 스타일도 많이 달라졌다. 옛날에는 백스윙의 정점(Top of Swing)에서 그립을 잡는 두 손이 오른쪽 어깨보다 낮아지는 플랫 스윙(Flat Swing)이 많았다. 그러면 스윙이 작아져서 공을 멀리 보낼 수 있는 요인 하나가 없어지고 만다. 그래서 장타를 낳는 스윙으로 바뀌게 되는데 이것이 톱 오브 스윙 때 두 손의 위치가 어깨보다 높아지는 업라이트 스윙(Upright Swing)인 것이다.

여기까지 그립(두 손)이 올라가면 당연히 오른쪽 팔꿈치도 몸에서 떨어지게 된다. 플랫 스윙은 오른쪽 팔꿈치를 붙인 채 때려도 스윙은 충분했지만, 스윙이 커지는 업라이트 스윙에서는 오른쪽 팔꿈치가 몸에서 떨어지게 된다. 이때에도 오른쪽 팔꿈치는 땅을 향해 있어야지 밖으로 빠지면 안 된다(Flying Elbow). 더욱이 오른쪽 팔뚝이 땅과 평행이 될 정도로 오른쪽 팔꿈치가 몸 뒤로 빠져서도 안 된다.

이렇게 백스윙의 끝점에서 오른쪽 팔꿈치가 밖으로 빠지는 것은 백스윙 때 클럽을 오른손으로 끌어당기는 것이 가장 큰 원인이다. 물론 오른손에 힘이 들어가도 그렇게 된다. 오른손에 힘이 들어가면 팔꿈치도 굳어져서 몸 밖으로 빠지는 결과가 된다. 그렇다고 톱 오브 스윙 때 클럽 헤드가 수평선보다 낮아져서도 안 된다. 스윙이 가장 커지는 드라이버샷 때에도 샤프트가 수평이 되는 것이 한도다. 이렇게 샤프트가 어깨선보다 낮아지는 것은 손목을 잘못 꺾거나 아니면 오른쪽 팔꿈치가 밖으로 빠지기 때문이다.

여유 있게 타이밍을 맞춰 스윙하라

아마추어 골퍼의 스윙은 느린 것이 정석이다. 절대로 서두르지 말고 여유 있게 클럽을 끌어올리라는 말이다. 이것이 흔히 말하는 타이밍이고 그것은 백스윙에서 결정된다. 그러나 '여유 있게' 또는 '천천히'라는 것을 말이나 글로 설명하기란 여간 어려운 것이 아니다. 그것은 어디까지나 플레이어 자신마다 각기 다른, 나름대로 체득할 수 있는 느낌이고 타이밍이기 때문이다. 일반적으로 미스샷의 원인을 분석해 보면 역시 백스윙의 방법에 잘못이 있는 것을 알 수 있다. 즉 백스윙이 빠르기 때문에 타이밍이 맞지 않아 미스샷이 되는 경우가 허다하다는 말이다.

백스윙을 부드럽게 하기 위한 예비 동작에 '왜글'(Waggle)이라는 것이 있다. '왜글'은 백스윙을 하기 전에 클럽을 가볍게 좌우로 흔드는 동작을 말한다. 이 동작은 손과 팔 그리고 어깨에서 필요 없는 힘을 빼는 데 효과가 있다. 다만 이때 주의할 것은 좌우로 클럽을 흔드는 사이 자칫하면 그립이 느슨해져 클럽 페이스의 방향이 변해 타구의 목표 지점이 바뀌지 말아야 한다.

백스윙을 바로 하기 위한 요령은 많지만, 궁극적으로는 타석에 들어서면 아무런 생각 없이 클럽을 들어올렸다(Backswing) 클럽 페이스 중심(Sweet Point)으로 공을 맞히고 나면(Downswing-Impact) 목표 쪽으로 몸이 돌아가면서 클럽을 높게 멀리 던져주면(Follow-Through) 그것으로 스윙은 끝나고 점수는 만점을 받게 되는 것이다.

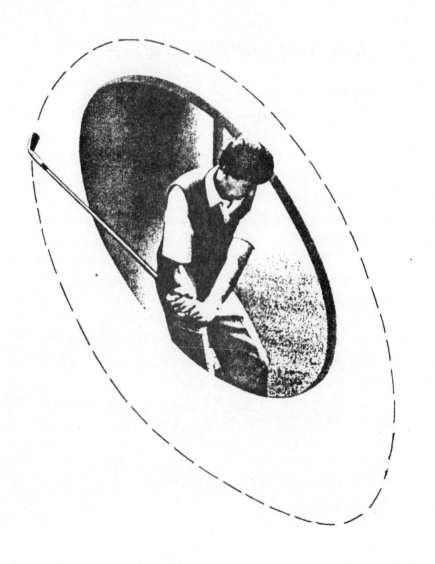

백스윙 때 손목 꺾으면 오버샷난다

'보다 멀리, 보다 빠르게'라는 스윙의 목적을 달성하는 길은 백스윙에 달려 있다고 했다. 그런데 백스윙은 왼쪽 어깨만 돌려주면 다른 것은 신경쓸 필요가 없다고도 했다. 여기까지는 누구나 알 수 있는 일이지만, 가장 어려운 것은 왼쪽 어깨를 어떻게 돌리는가 하는 문제다.

결론부터 말하면 백스윙은 처음부터 끝까지 왼쪽 어깨를 아래(어드레스 자세에서)로 돌려주는 동작이다. 이렇게 해서 백스윙이 제대로 이뤄지면 다운스윙도 바르게 된다. 그것은 어깨 아래의 모든 부분, 즉 허리, 무릎, 발의 동작은 전적으로 어깨가 돌아갈 때 따라 움직이는 부수적이고 보조적인 동작이어서 어떤 면에서는 자동적인 동작이기 때문이다.

또 한 가지 꼭 알아둬야 할 사항은 백스윙 때 손목을 꺾는다는(Cocking) 생각은 하지 말아야 한다는 사실이다. 의식적으로 손목을 꺾으려면 오버 스윙이 되거나 손목이 잘못된 방향으로 꺾이게 된다. 더욱이 스윙 아크(Swing Arc)도 작아지게 된다. 그렇기 때문에 백스윙이 끝날 때(Top of Swing)까지도 손목을 꺾지 않는다고 생각해야 가장 이상적인 스윙이 된다.

다운스윙 때에도 그립을 잡은 두 손을 왼쪽으로 돌리려고 해서는 안 되고 아래로 잡아끌면 그만이다. 이 일을 왼손으로 하자는 것이다. 이것이 소위 왼손의 리드다. 스윙은 왼팔로 들어올리고(Backswing) 다시 왼팔로 끌어내리면(Downswing) 어깨도 허리도 부드럽게 돌아가게 된다.

어깨와 양 손 삼각형 깨뜨리지 마라

스윙은 힘이 밖으로 달아나면서 돌아가는 원운동(원심력)으로 설명되기도 한다. 백스윙 때 손으로만 클럽을 들어올리면 클럽 헤드가 목표선 밖으로 들리기 때문에 백스윙은 반드시 어깨가 돌아가지 않으면 안 된다. 어깨를 돌리지 않고 손만 쓰면 스윙 궤도가 목표선 밖에서 안으로 들어오는 아웃사이드인(Outside-to-In)이 되어 공은 깎여 맞아 슬라이스가 되고 만다.

백스윙은 몸이 꼬여 돌아가는 회전운동이지만 손을 지나치게 목표선 안쪽으로 잡아끄는 사람이 많다. 어깨를 돌리는 것이 백스윙이라고 단정하면 그 원은 옆으로 (왼쪽에서 오른쪽으로) 돌아가는 궤적을 그리게 되어 플랫 스윙이 되고 만다.

백스윙 때 어깨와 손이 목표선 쪽으로 들어오는 것은 고작 그립을 잡은 두 손이 오른쪽 허리 높이를 지날 때까지고 그 다음은 오른쪽 팔꿈치를 기점으로 손은 위로 치켜올라가야 이상적인 원을 그리게 된다. 오른쪽 허리까지 어깨와 손을 목표선 안쪽으로 돌리면 샤프트는 목표선과 평행이 된다. 여기서부터 손과 어깨는 제각기 별개의 동작을 하게 된다. 즉 어깨는 옆으로 돌아가지만 손은 옆으로 도는 것이 아니라 위로 올라가면서 원운동을 하게 된다.

이처럼 옆으로 움직이다 별안간 위로 움직이면 마치 각 운동을 하는 것처럼 느껴지지만 이것을 한 동작으로 이어가면 옆이 아니라 세로로 움직이는 원운동이 된다.

백스윙 때 왼팔 펴야 정상 궤도 유지

백스윙은 공을 맞히기 위한 예비 동작이고 스윙 중에서도 심장부에 해당하는 중요한 동작이다. 아무리 골프가 스윙이 전부라고 강조하지만 백스윙의 초기 단계인 테이크백(Take-Back)과 손목을 꺾는 코킹(Cocking) 그리고 백스윙의 정점인 톱 오브 스윙(Top of Swing)의 3대 요소가 개성에 맞게 조화를 이루면서 정착돼야 비로소 스윙은 안정권에 들어서게 된다.

백스윙 때 왼팔을 쭉 펴는 것은 스윙 아크를 크게 해서 타구 거리를 늘리기 위한 방법의 하나지만, 왼팔이 굽으면 스윙 궤도를 일정하게 유지할 수 없게 된다. 이에 반해 오른팔은 팔굽을 가볍게 안으로 꺾으면 벨트 라인 쪽으로 자연스럽게 굽게 된다. 다운스윙이 시작되면 왼팔은 편 채 클럽을 끌어내리고 오른팔은 팔꿈치가 벨트 라인을 스치면서 따라 내려오다 임팩트 순간에는 쭉 펴지면서 공을 맞혀야 한다. 이때 목표선 뒤에서 바라보면 두 팔 사이로 목표가 훤히 들여다보여야 이상적인 임팩트를 맞을 수 있다.

어드레스 때 오른쪽 팔꿈치는 왼쪽 팔꿈치보다 낮은 위치에 있게 된다. 만일 오른쪽 팔꿈치보다 높아지면 다운스윙 때에는 팔꿈치가 뻗어서 스윙을 주도하는 왼팔의 움직임을 둔화시킨다. 그러면 자연히 백스윙의 정점에서 꺾였던 손목이 일찍 풀리고, 클럽 헤드는 목표선 밖에서 안으로 내려오는 아웃사이드인(Outside-To-In)의 스윙 궤도가 되어 결과는 미스샷으로 이어진다.

심판 없는 골프는 자율의 경기

골프뿐만 아니라 어떤 운동에도 규칙이 있고 정해진 규칙에 따라 경기를 관리하는 심판이 있다. 그러나 골프만은 규칙은 있어도 잘 잘못을 가리는 심판이 없다. 바로 플레이어 자신이 심판인 것이다. 그래서 골프를 자율의 경기라고 한다.

심판은 없어도 엄격한 규칙이 있기 때문에 골프는 한층 흥미가 있는지도 모른다. 플레이에 관한 골프 규칙은 34조로 구성돼 있고, 각 조마다 다시 상세한 항목으로 분류되어 있어 제법 많은 규칙이 있는 셈이다. 이렇게 많은 조항들을 지키고 적용하는 것은 다름아닌 플레이어 자신이다.

골프 규칙이 처음 명문화된 것은 1744년이고 불과 13조의 간단한 것이었다. 공은 놓여진 상태 그대로 플레이해야 한다는 것이 규칙의 기본 정신이었다. 그렇지만 공을 움직일 수 있는 것을 허용한 것은 공이 물이나 진흙 속에 들어가면 집어올려서 6야드 이내에서 플레이할 수 있는 것뿐이었다. 물론 벌점 1타가 가산되는 것은 지금의 벌점 제도와 같았다. 이 규칙(13조룰)의 특징은 어떤 상황에서도 언플레이어볼(Unplayable)의 처리는 용납되지 않았다.

당시의 플레이 방식은 매치플레이였기 때문에 플레이가 불가능한 곳에 공이 들어가면 그 홀은 패할 수밖에 없는 가혹한 것이었다. 이처럼 티에서 친 공(제1구)은 홀아웃할 때까지 건드릴 수 없는 것이 규칙의 원칙이다.

다운스윙

—Downswing—

다운스윙 첫동작은 왼쪽 무릎 펴주기

백스윙의 정점(Top of Swing)에서 어깨가 충분히 돌아가면
등은 목표 쪽을 보게 된다. 이때 어깨가 완전히 돌아간 것을 몸
으로 확인할 수 있는 방법이 있다. 백스윙이 끝났을 때 왼쪽 턱
밑으로 들어오면 어깨가 충분히 돌아간 증거다. 어드레스 자세
에서 오른쪽 무릎을 고정시키고 등이 목표를 볼 때까지 어깨를
돌려주면 어깨에서 허리 사이가 어느 정도 펴지면서 긴장감 같
은 것을 느끼게 된다.

백스윙은 몸을 꼬아주는 동작이지만 다운스윙에서는 꼬았던
몸을 다시 풀어주는 동작으로 바뀐다. 백스윙은 어깨, 허리, 무
릎의 순으로 위에서 아래로 움직이지만 다운스윙은 이와 반대로
아래서 위로 움직이게 된다. 백스윙 때 상반신에 끌려 오른쪽으
로 들어갔던 왼쪽 무릎을 왼쪽(목표 쪽)으로 밀어내는 것에서부
터 다운스윙은 시작된다. 백스윙이 정점에 이르면 왼발 뒤꿈치
는 자연스럽게 지면에서 약간 떨어지게 되지만, 다운스윙이 시
작되면서 왼발 뒤꿈치는 제일 먼저 제자리로 돌아오게 된다. 이
렇게 왼발 뒤꿈치를 밟아주는 동작(Heel-down)은 의식적으로
할 것이 아니라 왼쪽 무릎이 움직이는 대로 따라 움직이면 된다.

공을 날라주는 힘은 왼쪽 무릎과 허리의 힘이라 했지만, 왼쪽
무릎은 다운스윙을 주도하는 방아쇠 역할을 하게 된다. 왼쪽 무
릎에 이끌려 오른쪽 무릎도 왼쪽으로 움직이면서 허리, 어깨, 팔
의 순서로 연쇄적으로 따라 움직이게 된다. 이것이 다운스윙의
흐름 동작이다.

다운스윙 땐 몸을 의식하지 마라

스윙이 원운동이라고 해서 다운스윙 때 몸을 의식적으로 돌릴 필요는 없다. 다운스윙이 시작되면서 제일 먼저 해야 할 일은 왼쪽 무릎을 목표 쪽으로 수평이동시키는 일이다. 그래야 스윙의 중심축이 오른쪽에서 왼쪽으로 옮겨진다.

이때 클럽을 휘두르는 힘에 끌려서 그립을 잡은 두 손이 아래로 내려오게 되지만, 그립 끝으로 공을 찌른다는 요령으로 내려와야 오른쪽 팔꿈치가 몸에 붙어 내려오고 그래야 스윙 궤도가 일정해진다. 다운스윙은 무릎의 리드가 선행돼야 하지만 여기에 팔로 끌어내리는 동작이 가세하면 그 다음은 목표를 향해 팔을 휘둘러 주면 그만이다. 이렇게 팔을 휘두를 때까지는 허리와 어깨는 그대로 있어야 한다. 바로 여기에 스윙의 어려움이 있는 것이다. 다운스윙 때 허리와 어깨는 돌리는 것이 아니라 팔이 휘둘러짐에 따라 자연히 돌아가는 결과적인 동작이다.

그러나 왼쪽 무릎을 목표 쪽으로 내보내면서 그립 끝을 공 쪽으로 내려오도록 두 손을 잡아끌면 공이 오른쪽으로 날아갈 것 같은 불안감을 느낄 것이다. 하지만 클럽 헤드가 공을 맞히는 순간 그립을 잡은 두 손이 몸 밖으로 (왼쪽으로) 빠지지만 않으면 절대로 공은 오른쪽으로 날아가지 않는다. 그렇다고 손목을 써서 조작하면 클럽 페이스가 직각인 상태에서 공을 맞힐 수 없을 뿐만 아니라 스윙 아크까지도 작아지고 만다. 이때에도 필요한 것은 역시 왼손의 역할(리드)이다.

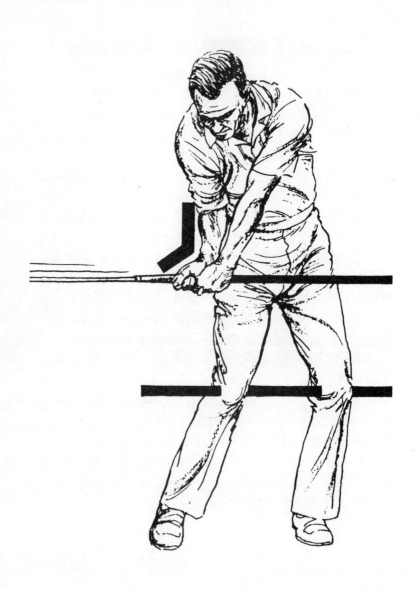

손이 허리께 오면 무릎-목표선 평행돼야

아마추어 골퍼가 공을 바로 치지 못하는 것은 다운스윙을 잘 못하고 있는 데 원인이 있다. 다운스윙이 시작되자마자 왼쪽 무릎의 리드에 이끌려 내려오던 두 손이 오른쪽 허리 근처에 오면 일단 동작을 멈추고 다운스윙의 잘잘못을 확인해 보자.

이때 두 무릎은 목표선과 평행이 돼 있어야 하지만 무릎을 왼쪽으로 돌리면 안 된다. 무릎이 목표선과 평행이 되면 샤프트도 평행이 되고 오른쪽 팔꿈치도 몸에 붙어서 클럽 헤드는 목표선 안쪽으로 내려오게 된다. 그러나 무릎을 왼쪽으로 돌리면 그립 끝도 왼쪽으로 돌아가 클럽 헤드는 목표선 밖으로 빠지고 만다. 뿐만 아니라 오른쪽 어깨가 앞으로 나와 오른쪽 팔꿈치가 몸에서 떨어지게 된다. 이런 상태에선 클럽 페이스 중심(Sweet Point)으로 공을 맞힐 수 없다. 다운스윙 때 그립을 잡은 두 손이 허리 근처까지 왔을 때 허리와 무릎을 연결한 선이 목표선과 평행인가 아닌가가 절대적인 고비가 되는 중요한 대목이다.

여기서 몸놀림이 잘못되면 질금까지 노력해 온 모든 앞동작이 허사가 되고 만다. 이때부터는 허리와 어깨를 돌릴 필요가 없다. 꼭 지켜야 할 것은 좌반신을 고정시켜 놓고 팔을 쭉 뻗어 클럽을 휘둘러 주면 그만이다. 다운스윙 때 의식적으로 몸을 돌릴 필요는 없다고 했다. 허리와 어깨는 돌리는 것이 아니라 팔을 힘껏 휘둘러 주면 그 결과로서 나타나는 동작에 불과하다.

무릎으로 다운스윙을 주도하라

어드레스 때 가볍게 안으로 조여서 탄력을 유지하고 있는 오른쪽 무릎은 백스윙이 끝날 때까지도(Top of Swing) 그대로 있어야 한다. 좀처럼 주의하지 않으면 톱 오브 스윙에서 오른쪽 무릎이 펴지기 쉽다. 오른쪽 무릎이 펴지면 다운스윙 때 무릎으로 리드할 수 없게 된다. 무릎으로 다운스윙을 주도하지 못하면 아무리 백스윙이 좋아도 스윙은 순식간에 무너지고 만다. 오른쪽 어깨가 먼저 내려오면 클럽 헤드는 목표선 바깥쪽으로 빠져서 내려오게 된다.

백스윙이 다소 잘못돼도 다운스윙만큼은 반드시 왼쪽 무릎에서부터 시동이 걸려야 한다. 왼쪽 무릎이 움직이지 않는 한 허리도 어깨도 심지어 팔과 클럽까지도 어드레스의 위치로 되돌아올 수는 없다. 왼쪽 무릎을 목표 쪽으로 움직여야 백스윙의 정점에서 오른쪽 무릎에 느꼈던 압박감 같은 뻐근한 느낌이 이번에는 왼쪽 무릎으로 옮겨가게 된다. 그러나 다운스윙에 들어가서도 계속해서 오른쪽 무릎에 압박감이 남아 있다면 그것은 왼쪽 무릎이 제대로 목표 쪽으로 움직이지 않았기 때문이다.

흔히 왼쪽 무릎을 돌리려고 무모한 동작을 많이 하는데, 무릎과 몸은 돌리는 것이 아니라 목표선과 평행으로 움직이면서 수평이동을 할 뿐이다. 그러나 결과적으로는 클럽 헤드가 움직이는 원심력 때문에 몸은 돌아가게 된다. 그렇기 때문에 다운스윙 때의 그립 끝은 공을 보고 내려와야 한다. 그래야 손목도 늦게 꺾이게 되고, 이것이 레이트 히팅(Late-Hitting)의 원리이다.

어깨는 늦게, 클럽 헤드는 빨리 내려와야

프로 골퍼의 스윙 폼은 한결같이 아름답고 호쾌하게만 보인다. 그러나 그 원리를 모르고 흉내만 내다 보면 얼토당토않은 혼란에 빠지고 만다. 그 대표적인 것이 다운스윙이 시작되는 부분의 동작이다.

다운스윙은 좌반신(특히 왼쪽 무릎)으로 주도해서 꼬였던 몸을 아래서 위(무릎-허리-어깨)의 순으로 풀어줘야 한다는 것까지는 알고 있는 사실이다.

그런데 하반신 주도형의 다운스윙을 실현하기 위해서는 상반신이 늦게 내려와야 하는 것은 당연한 일이다. 바로 이것이 착각을 일으키고 다운스윙을 잘못하게 하는 원인이 된다. 소위 공을 늦게 맞힌다는 레이트 히팅(Late-Hitting)의 원리를 잘못 이해하게 되는 원인이 된다는 말이다.

흔히 임팩트는 어드레스의 재현이라는 말을 자주 한다. 어드레스 때의 상태에서 공을 맞혀야 공을 바로 맞힐 수 있다는 것이다(이것이 클럽 페이스의 밑선과 목표선은 직각을 이룬다는 스퀘어 어드레스의 기본이다). 그런데 이 레이트 히팅을 잘못 이해하면 좌반신은 왼쪽으로 몽땅 움직이고 있는데도 클럽 헤드는 아직까지 하늘을 본 채 내려오지 않는다. 마치 이것이 레이트 히팅의 표본처럼 착각하기 때문이다.

스윙은 두 팔을 자유스럽게 써서 공을 맞히는 원운동이다. 그런데 이렇게 클럽 헤드가 늦게 내려오면 클럽 헤드가 공에 닿는 순간 그립을 잡은 두 손은 이미 몸 밖으로 빠지게 된다. 그러니 공은 빗맞아 영락없이 슬라이스다. 레이트 히팅이란 어깨는 늦게 내려오고 클럽 헤드만은 빨리 내려와야 공이 힘있게 바로 맞는다는 원리임을 알아야 한다.

그립 잡은 두 손을 끌 듯이 스윙

잘못되기 쉬운 다운스윙에는 두 가지 유형이 있다. 하나는 공을 맞히는 데만 정신이 팔려 어깨가 떨어지면서 공을 찍어치는 사람과 이와는 반대로 상체를 위(뒤)로 젖히면서 체중이 오른발에 남는 사람이다. 어느 쪽도 하반신은 공을 맞히기 위해 움직이고 있는데 클럽 헤드는 아직까지 먼 곳에 머물러 있으면서 내려올 줄 모른다. 전자는 손이 먼저 내려오는 것 같지만 두 팔이 움츠리고 있기 때문에 결과적으로는 클럽 헤드가 공에 와 닿지 않게 된다. 또 후자는 왼쪽 허리를 왼쪽(목표 쪽)으로 밀어내는 것만큼 샤프트가 눕게 되어 클럽 헤드는 늦게 내려오고 만다. 어느 쪽도 몸이 돌아가는 것보다는 클럽 헤드가 늦게 내려오는 잘못이 있다.

다운스윙 때 중요한 것은 공을 직각으로 맞히기 위해서는 클럽 헤드가 빨리 내려와야 하는 것이다. 이를 위해서는 다운스윙이 시작될 때 오른쪽 어깨를 순간적으로 멈춰 주면 된다. 그래야 공에 맞는 순간 클럽 페이스는 직각이 된다. 이것은 팽이치기의 이치와 같은 원리다. 팽이가 제대로 돌아가기 위해서는 위쪽이 먼저 움직이듯 골프 스윙에서도 원을 멀리, 크게 그리는 클럽 헤드가 먼저 움직이지 않으면 안 된다. 그렇기 때문에 몸의 중심축이 움직여서는 안 된다는 것이다.

백스윙이 끝난 지점(Top of Swing)에서 오른쪽 어깨를 멈춘다는 생각을 하고 그립을 잡은 두 손을 잡아끌면 어깨보다 클럽 헤드가 먼저 내려오게 된다.

여성제한 골프장 국내엔 없어 다행

골프 규칙은 영국과 미국의 골프협회(R&A USGA)가 제정하고, 전세계에서 통용되는 일반 규칙(General Rules)과 각 골프장의 특성에 따라 만들어진 로컬룰(Local Rules)이 있다. 물론 일반 규칙을 근본적으로 부정하는 로컬룰은 있을 수 없다. 골프 규칙에는 에티켓에서부터 용어의 해설, 플레이에 관한 규칙, 그 밖에 골프 클럽과 공에 이르기까지 여러 면으로 설명하고 규제하고 있어도, 플레이어의 나이·성별·직업 같은 것을 따지고 플레이를 제한하는 일은 없다.

이렇듯 골프는 남녀노소 누구에게나 문호가 개방돼 있는 그런 스포츠다. 다만 회원을 모집하는 과정에서 남녀를 구별하거나 연령을 제한하는 일이 있는 것은, 각 클럽마다 독특한 영업 방침이 있기 때문에 이것을 가지고 왈가왈부할 수 있는 성질의 것은 아니다. 회원 자격이야 그렇다 치더라도 남녀평등이 당연한 지금까지 여성의 출입(플레이)을 막는 골프장이 있으니 화제가 된다.

여성 골퍼를 차별하는 것이 아니라 어느 골프장에도 여성용 팅그라운드(Ladies Tee)까지 설치해 놓고 우대하고 있는 실정이 아닌가. 더욱이 여성 상위 시대의 선두주자격인 미국에서조차 여자 플레이어를 기피하고 있다니 믿어지지 않는다(미국 메릴랜드주의 버닝트리 골프 클럽).

물론 여성 골퍼의 입회나 플레이를 금지시키는 데는 그럴 만한 이유가 있다. 여성에게 플레이를 허용할 경우 이를 위한 별도의 시설(팅그라운드, 라커, 샤워실 등)을 필요로 하기 때문에 많은 비용이 든다는 것과, 일반적으로 여자는 플레이가 느리기 때문에 이를 사전에 막는다는 이유에서다. 어쨌든 우리나라에는 그런 콧대 높은(?) 골프장이 없으니 얼마나 다행한 일인지 모르겠다.

피 니 시

Finish

스퀘어 원리에 충실하라

공이 날아가는 가상의 선(Line of Flight)을 목표선(Target Line)이라고 한다. 목표 지점과 공을 연결하는 선을 말한다. 이 상상의 선을 머리 속에 그려서 그것을 기준으로 게임을 운영하는 것이 골프다.

그렇기 때문에 만일 타구가 정확하다 하더라도 머리 속에 그려 넣은 목표선이 실제의 목표를 벗어나면 그 타구는 미스샷이 되고 만다. 스윙을 바로 하기 위해서 가장 필요한 것이 상상력이라고 강조하는 것은 바로 이 때문이다.

목표선에 대해 '직각' '평행'을 이루는 것을 골프에서는 스퀘어(Square-직각)의 원리라고 한다. 클럽 페이스가 목표선과 직각인 상태에서 공을 맞히면 틀림없이 공은 목표 쪽으로 날아간다. 어떤 상황에서도 공을 똑바로 보낼 수 있는 정상 골퍼의 비결은 바로 이 스퀘어의 원리를 지키는 타구를 할 수 있는 데 있다. 명수마다 자기 체격의 특징을 살려서 마음 먹은 대로 개성 있는 스윙을 할 수 있는 것도 어떻게 하면 이 원리를 실천할 수 있는가를 생각한 결과인 것이다. 타구의 이상적인 목표는 '보다 멀리, 보다 정확하게'라는 말로 집약되지만, 이 '정확'이라는 말은 공을 직각으로 맞히는 것이고 '보다 멀리'라는 말은 클럽 페이스가 가장 빠른 상태에서 공을 맞히는 데 있다. 공을 맞히는 순간 클럽 헤드의 스피드가 빠르면 빠를수록 공은 멀리 날아간다. 그러나 빗맞은 공이 장타가 되면 오히려 어려움 속에 빠지게 된다.

충분한 상상력의 활용으로 공을 직각으로 맞힐 때 클럽 헤드의 속도를 빨리 하는것…… 이것이 스윙의 기본이고 이상형이다.

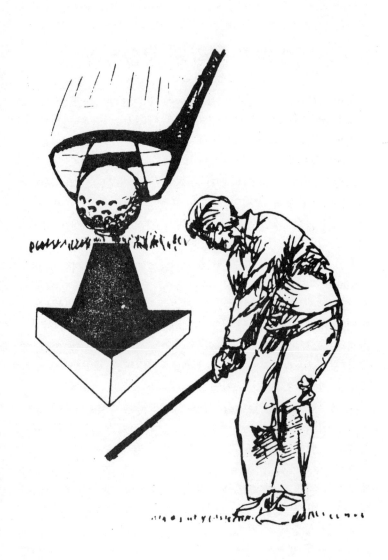

어드레스와 임팩트 동작은 하나

정확하게 클럽만 휘둘러 주면 공은 저절로 바로 맞는 것이라고 믿으면 군힘이 빠져서 비교적 잘 맞아 나갈 것이다. 클럽 헤드가 공에 맞는 순간의 상태를 임팩트라고 하는데, 흔히 "임팩트는 어드레스의 재현"이라는 말을 자주 듣는다. 알 것 같으면서도 애매하게 느껴지기는 하지만…….

공을 맞히는 순간 어드레스 때와 똑같은 자세(폼)를 재현할 수 있으면 공은 어김없이 똑바로 날아간다는 이론이다. 그러나 이론과 실제가 딱 맞아 떨어지지 않는 데 어려움이 있다. 스윙이라는 몸의 회전운동이 절정에 이르렀을 때 (이때가 클럽 헤드의 속도가 가장 빠르다) 어드레스 폼에 대해서 생각할 여유가 없기 때문이다. 공은 그야말로 눈 깜짝할 사이에 맞히게 되고 그 동작은 순식간에 지나가 버리고 만다. 그래서 임팩트는 스윙의 일부분이라고 생각해야 하는 것이다. 이것을 실현하기 위해서는 오히려 스윙의 준비 단계인 어드레스 때 정확하게 공을 맞힐 수 있는 요소를 내포하고 있어야 한다.

그렇지만 일단 클럽을 휘둘러서 공을 맞히는 단계에 들어가면(다운스윙) 임팩트가 스윙 속의 일부라는 사실까지도 잊어버려야 한다. 어딘가 모순투성이의 설명 같지만 이것이 스윙에 '눈을 뜬 것'이고 '깨달음'이다. 피부에 와 닿는 말로 표현하면 이것이 바로 감각이다. 이 감각적인 동작을 합리적으로 설명하면 어드레스가 멎어 있는 상태지만 움직이면서 공을 맞히기 위한 준비 단계다. 실제로는 회전운동의 과정에 나타나는 결정적인 단계다.

이처럼 멎어 있는 동작(어드레스)과 움직이는 동작(임팩트)이 하나가 됐을 때 비로소 공은 멀리 정확하게 날아갈 것이다.

임팩트 직전까지 오른발 들지 마라

공을 멀리 바르게 보내기 위해서는 체중 이동의 역할은 대단하다. 백스윙 때 오른쪽으로 옮겨간 체중은 공을 맞히기 직전까지는 아직도 오른발 안쪽에 그대로 남아 있게 된다. 공을 맞히기 전에 체중이 왼발 쪽으로 미리 옮겨가면 왼쪽의 벽은 무너지고 만다. 좌반신이 허술해지면 꺾인 손목을 풀어줄 때 회초리를 휘두를 때 같은 가볍고 예리한 느낌은 느낄 수 없다.

한편 임팩트 직전에 오른발 뒤꿈치는 아주 적게 들려서 이 시점에서는 오른발은 아직 땅을 굳게 밟고 있는 느낌이어야 한다. 오른발 뒤꿈치가 땅에서 일찍 떨어지면 체중 이동이 빨라져서 왼쪽 허리가 빠지고 왼쪽 벽은 허물어지고 만다. 공을 맞히자마자 체중이 완전히 왼쪽으로 이동하는 것은 아니다. 왼쪽 허리가 펴지면서 벽을 쌓는 구실을 하기 위해서는 임팩트 직후에도 오른발에 체중이 남아 있어야 한다. 왼발에 체중이 완전히 실리는 것은 왼팔의 리드로 마지막까지 클럽을 휘두르고 난 다음의 일이다. 즉 피니시 때 비로소 체중은 완전히 왼발 쪽으로 실리게 된다.

임팩트라는 개념은 공을 맞히는 순간뿐만 아니라 폴로스루 때까지도 임팩트라는 동작이 계속된다는 생각을 가져야 스윙은 완전해진다. 다시 말해서 스윙은 공을 맞히는 순간 끝나는 것이 아니라 스윙의 종점인 피니시로 이어져야 한다는 사실을 기억해야 할 것이다.

폴로스루 때 왼쪽 손목 꺾이지 않아야

스윙은 백스윙과 다운스윙이 대칭을 이뤄야 물이 흐르듯 자연스러운 동작으로 이어진다. 그래야 일정한 궤도를 도는 스윙이 유지되고 또 스윙 평면을 지킬 수도 있다. 스윙 평면(Swing Plane)이란 어드레스 자세에서 어깨를 공과 연결할 때 만들어지는 경사각을 말하지만 그 각도는 백스윙의 끝점(Top of Swing)에서도, 공을 맞히는 순간(Impact)에도, 스윙의 종착역인 피니시에서도 똑같아야 한다.

폴로스루에서 피니시에 걸쳐 오른쪽 어깨가 완전히 턱 밑으로 들어가 있으면 스윙 궤도도 흐트러지지 않고 등 쪽이 펴지는 것을 느끼게 된다. 이렇게 등이 조여드는 것 같은 뻐근한 느낌이 드는 것은 대단히 중요한 감각이다. 이것은 좌반신을 고정시키고 왼팔의 리드로 자연스럽게 휘두르고 있다는 결과이고, 더욱이 스윙 평면이 잘 지켜지고 있다는 증거다.

임팩트에서는 물론 폴로스루에서도, 더욱이 피니시 자세에서도 왼쪽 손목은 꺾이지 않고 그대로 있어야 한다. 왼쪽 손목이 피니시 때에도 그대로 있어야 한다는 것은 어쩌면 무리한 요구일지는 몰라도, 적어도 공을 때리고 난 직후 두 팔이 목표 쪽으로 쭉 뻗어 있는 시점에서는 왼쪽 손목이 바깥쪽으로 꺾여서는 안 된다.

이것을 확인하기 위해 폴로스루 때 움직이고 있는 손을 그 자리에 멈추고 어드레스 자세로 되돌아와 보면 쉽게 알 수 있다. 이때 클럽 페이스가 목표선과 직각이면 왼쪽 손목이 똑바로 펴져 있는 증거가 된다.

손목을 돌리지 말고 공을 맞혀라

불과 10여년 전만 해도 그립을 엎어잡고 공을 맞히는 순간 손목을 엎어돌리는 스윙이 주류를 이루고 있었다. 그러나 이 타법은 몸 속에 잠재해 있는 힘을 살릴 수 없고 임팩트의 타이밍을 일정하게 맞히기 어려워 자칫 잘못하면 큰 미스샷으로 이어지는 결점이 있다. 즉 장타력의 장점보다는 미스샷이라는 위험 부담이 더 많기 때문에 지금은 유명 프로 골퍼에게서도 찾아보기 힘든 옛날 타법으로 자취를 감추고 말았다.

거리를 내기 위해서는 클럽 헤드의 스피드를 가속시켜야 하고 이를 위해 손목을 엎는 타법(Turn Over)은 몸 동작을 일시 정지시키지 않으면 불가능한 동작이다. 순간적이나마 동작을 멈추면 몸을 써야 때리는 스윙은 할 수 없게 되고 만다. 뿐만 아니라 임팩트 순간 손목을 돌리거나 엎으면 공을 직각으로 맞히기 어렵고, 조금만 타이밍이 잘못 돼도 커다란 방향(구질)의 오차라는 결과로 나타나기 때문에 정교해야 할 근대 골프의 스윙에서는 부적당한 타법이다. 아마추어 골퍼에게 손목을 돌리는 일(Rolling 이라는 말로 표현되기도 하지만)은 공을 맞히고 나서 이뤄져도 충분한 동작이다.

백스윙 때 손목을 그대로 유지한 채 공을 맞힌다는 것이 이 타법의 장점이다. 이렇게 함으로써 허리를 많이 쓰게 되고 소위 몸으로 치는 스윙이 된다. 이 타법은 손목을 빨리 돌릴 필요가 없기 때문에 방향이 일정해지고, 허리를 많이 쓰기 때문에 거리도 더 멀리 나게 되는 것이다.

손목은 공 맞히고 나서 엎어져야

오른손잡이가 공을 때린다는 의욕이 강하면 그렇지 않아도 힘이 센 오른팔에 힘이 많이 들어가서 클럽 페이스가 빨리 돌아가게 되어 훅이 나게 된다.

결국 몸은 쓰지 않고 팔만 빨리 휘둘러 주면 공을 감아치게 되기 때문이다. 이런 때에는 남아 도는(?) 힘을 어느 정도까지는 저축하지 않으면 안 된다. 이것은 왼팔을 얼마만큼 쓸 줄 아느냐에 달려 있다. 골프 스윙에서 오른손의 힘이 강한 것이 나쁜 것이 아니라 오른손보다 왼손의 힘이 지나치게 약한 것이 문제가 되는 것이다. 왼손이 약하면 손목이 꼬이기 때문에 오른손에 지지 않기 위해서 왼손으로 끌어 주라는 것이다.

이것이 왼손의 리드이고 서둘러 치는 것을 막는 길이기도 하다. 스윙은 느리면서도 힘있게 클럽을 휘둘러야 한다고 했다. 백스윙도 다운스윙도 로기어의 힘으로 천천히 휘둘러 주면 필요 이상으로 클럽 페이스가 엎어지면서 공을 맞히는 일은 없을 것이다. 스윙이란 기본대로 어드레스의 위치에서 공을 맞힐 수 있도록 클럽을 끌어내려야 곧바로 날아가는 공을 칠 수 있다. 공을 맞히는 순간 클럽 페이스는 공과 직각을 이뤄야 한다.

그렇기 때문에 클럽 페이스가 열리거나 엎어진 상태에서 공을 맞힌다면 슬라이스 아니면 훅이 나서 공은 휘게 된다. 몸은 멎어 있고 팔만 끌어내리면 훅이 나는 원인이 바로 여기에 있는 것이다. 정상적인 스윙에서는 손목이 엎어지면서 공을 맞히는 것이 아니라 공을 맞히고 나서 손목이 엎어진다는 것을 알아야 한다.

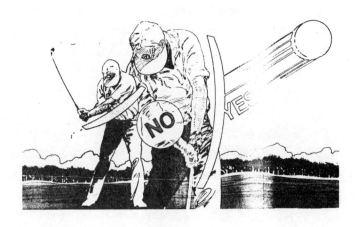

스윙은 왼손이 리드하게 하라

하반신(특히 무릎)의 리드로 그립을 잡은 두 손이 오른쪽 허리 근처까지 내려왔을 때 샤프트가 지면과 평행이 되면 이상적인 다운스윙이라고 말할 수 있다. 물론 이때까지도 손목은 꺾인 채 그대로 있으면서 계속해서 왼손이 스윙을 리드하게 된다. 다운스윙을 오른손이 주도하면 샤프트가 지면과 평행이 되지 않는다. 꺾인 손목은 다운스윙이 시작되자마자 풀리기 때문이다. 그립을 잡은 두 손이 허리(춤)까지 내려오면 이때부터 손목을 풀어주게 되는데, 그래도 스윙의 주도권은 왼손이 잡고 있어야 한다. 물론 실제로는 오른손도 가세하기는 하지만, 그래도 내용상으로는 왼손이 주도하는 형식이 돼야 한다. 스윙은 왼손으로 휘둘러 주고 오른손은 그저 따라다닌다는 정도로 느껴야 한다는 말이다.

아마추어 골퍼의 병폐처럼 보이는 폴로스루가 없는 스윙도 따지고 보면 오른 손으로 공을 때리기 때문이다. 왼손으로 클럽을 던져야 스윙도 커지고 방향도 정확해진다. 이렇게 해서 폴로스루가 뒤따르는 스윙은 왼쪽 팔과 손목이 자연히 돌아가서 피니시까지 자연스럽게 이어지게 된다. 오른손뿐만 아니라 허리와 어깨도 억지로 돌릴 필요가 없다. 왼팔을 멀리, 높게 휘둘러 주면 이에 끌려서 돌아가게 된다. 그러면 피니시에서도 몸이 목표 지점과 마주볼 때까지 몸 전체가 완전히 돌아가게 되는데, 이것 역시 왼팔로 스윙을 리드하기 때문이다.

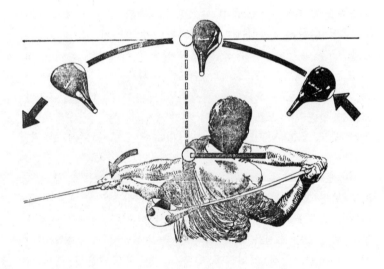

스윙 땐 클럽을 던져주는 느낌으로

골프 스윙에서 왼손은 방향이고 오른손은 힘(거리)이라고 했다. 왼손을 잘 던지면서 오른손에 힘을 넣고 때리면 잠재력만큼의 거리는 똑바로 날아가게 되는 것이 스윙의 원리다. 그렇지만 스윙을 배워야 하는 초보자 시절에는 공을 때린다는 생각은 절대로 해서는 안 된다. 공을 때린다는 의식이 강하면 자연스럽게 클럽을 휘두를 수가 없기 때문이다.

그것은 공을 친다는 의식이 강하게 작용하면 아무래도 오른손에 힘이 들어가게 되고(사실은 오른손으로 때려야 공은 멀리 날아가는 것이지만), 자기 자신은 힘을 넣어 클럽 헤드의 스피드를 가속시키고 있는 것 같아도 공을 맞히는 순간(Impact)의 힘은 생각만큼 강렬해지지 않는다. 그것은 공을 때리려고 달려들면 아무래도 오른쪽 어깨가 앞(공 쪽)으로 떨어져서 내려오게된다. 이런 상태에선 전혀 클럽 헤드에 힘을 전달할 수가 없다. 힘이 집중되는 것이 아니라 힘이 오히려 여러 갈래로 분산돼서 스윙(Swing Plane)까지도 무너져 버리고 만다.

이것은 약간 모순된 말처럼 들릴지 모르지만, 공을 때릴 때는 공을 때리려고 하지 말고 어디까지나 왼팔로 클럽을 끌어내려서 던져주는 스윙이라야 클럽 헤드가 공을 맞는 순간의 속도는 가장 빨라지게 된다. 백스윙의 정점(Top of Swing)에서 왼쪽 어깨가 턱 밑에 들어가고 폴로스루 때에는 오른쪽 어깨가 턱 밑으로 들어가는 스윙이라야 스윙은 안정이 돼서 공도 멀리 날아가게 된다.

킥백 동작은 스윙 파워 높인다

골프는 스윙이 전부라고 하지만 그렇다고 정상 골퍼의 스윙이 모두 동일한 것은 아니다. 제각기 다른 스윙 폼을 갖고 있으면 서도 한 가지 공통점은 공을 맞히는 순간(Impact)의 모양새는 누구나 같다는 사실이다. 백스윙 때 저축한 힘을 공을 맞히는 순간에 몽땅 쏟아 붓는 모습은 보기만 해도 시원하고 우리를 황홀하게 만든다. 클럽 헤드에 실려 내려오는 스피드를 마지막 순간까지 가속시켜서 그대로 공을 맞힌다는 모습에서 경지에 이른 예술성마저 느끼게 된다. 그렇기 때문에 공에 강렬한 충격을 줄 수 있는 것이고 공은 쏜살같이 달아나게 된다.

또 공을 맞히는 순간에는 무엇보다도 머리가 공 뒤에 남아 있는 것도 골프 기술이 뛰어난 사람에게서 볼 수 있는 공통점이다. 머리가 임팩트 순간에 왼족(목표 쪽)으로 움직이면 공을 강하게 때릴 수 없게 된다. 또 머리가 공 뒤에 남아 있어야 왼발 끝에서 왼쪽 어깨까지 좌반신 쪽에 강한 힘을 느낄 수 있다.

이것이 소위 왼쪽의 벽이다. 이렇게 왼쪽 벽이 쌓여지지 않으면 아무리 오른쪽 힘이 강렬해도 공을 강하게 튕겨낼 수 없다. 물론 왼쪽 겨드랑이도 몸에 붙어서 내려오는 것을 전제로 해서다. 공을 맞히는 순간 왼쪽 겨드랑이가 벌어지면 그만큼 힘은 반감되고 거리는 줄어든다. 이 모든 것을 가장 효과적으로 만들어 주는 것이 오른발 엄지발가락 끝을 차주는 동작(Kick-Back)이다. 그래야 클럽 헤드의 스피드는 가일층 가속된다.

장타 날릴 땐 원심력을 이용하라

'보다 멀리, 보다 정확하게'(Far and Sure) 이것은 골퍼의 영원한 숙제이고 이를 위한 노력은 골프 인생을 마감할 때까지 계속된다. 장타에다 정확한 방향…… 이것만 보장되면 홀마다 파 플레이도 가능하다. 이것을 실현하기 위해서는 올바른 스윙을 몸에 익히는 것이 첫번째 과제다.

두말할 것도 없이 장타의 비결은 임팩트 때의 클럽 헤드의 스피드를 가속시키는 것이다. 그러나 많은 사람들은 장타라고 하면 도끼로 장작을 패듯 힘껏 후려치기만 하면 되는 줄 잘못 알고 있다. 물론 장타에 힘이 필요 없다는 것은 아니다. 이때의 힘이란 원심력을 이용한 클럽 헤드의 스피드를 말하는 것이다.

골프 공은 규칙상(부칙 Ⅲ-a) 45.93g을 초과해서는 안 된다고 규정하고 있다. 무게야 얼마가 되든 골프 공은 그렇게 무거운 것은 아니다. 원심력에 의해서 만들어지는 클럽 헤드의 스피드는 생각보다 훨씬 큰 힘(Energy)을 만들어낸다. 물론 힘은 없는 것보다는 있는 것이 좋지만, 힘만이 장타의 요소라면 장타에 관한 한 씨름선수나 유도선수를 당할 사람은 없을 것이다.

요는 자신의 힘을 어떻게 공을 날려주는 힘으로 전환할 수 있는가가 문제인 것이다. 그것은 바로 클럽 헤드의 스피드다. 그렇기 때문에 스윙은 공을 치는 것보다 골프채를 휘두르는 것(Swing) 부터 배워야 한다.

감수성 강한 경기, 자극은 절대금물

골프란 다른 스포츠처럼 쉬지 않고 움직여야 하는 그런 연속적인 동작이 필요한 운동은 아니다. 멎어 있는 공을 치기 위해 신경을 집중하고 나서 스윙하는, 조금은 여유가 있는 그런 게임이다. 이때만큼은 어떤 사소한 일이 일어나도 플레이어를 극도로 자극하는 원인이 되기 때문에 각별한 배려가 있어야 한다.

공을 치려는 순간 무심히 움직이는 동작 (카메라의 셔터 소리 등) 하나가 스윙을 그르치게까지 하는, 아주 감수성이 강한 경기가 골프다. 프로 골퍼뿐만 아니라 우리 아마추어 골퍼도 이와 비슷한 뼈아픈 경험이 있었던 추억은 누구에게나 있을 것이다. 이처럼 다른 사람에게 신경을 써야 하는 것이 골프라는 스포츠의 특색이다.

골프 규칙의 첫머리에서 에티켓을 강조하는 것도 이런 이유에서다. 무엇보다도 다른 플레이어를 소중히 여긴다는 것이 특별한 것이아니라 자기가 싫어하는 언행을 남에게 하지 않으면 되는 아주 평범한 것일 뿐이다.

그 대표적인 예를 하나 들어보면, 타석에 들어선 플레이어의 시야에 거슬리는 위치에서 서성거리지 말아야 한다. 유명 골퍼의 구질을 확인하기 위해 목표선 뒤쪽(플레이어의 오른쪽)에서 자리 다툼을 하는 사람이 많은데, 바로 이것은 플레이어가 가장 싫어하는 행위다. 물론 플레이어를 둘러쌀 정도로 갤러리가 많을 경우에는 별 문제지만…… 어쨌든 '나'보다는 '남'을 소중히 여길 줄 아는 플레이어만이 참다운 골퍼인 것이다.

스윙 종합

스윙이 빨라지면 감각을 잃는다

아침에 얻었던 자신감이 저녁이 되면 어느 새 자취를 감추는 것이 골프의 생리다. 골프는 기량이 뛰어난 스크래치 플레이어나 초보자를 가릴 것 없이 항상 골퍼를 괴롭히고 실망시키는 심술궂은 게임이기도 하다. 그래서 분발하고 노력하고 다시 도전하고, 이를 반복하는 동안에 인생은 끝이 나는 그런 스포츠가 골프인 것이다. 일생일대의 굿샷이 나오는가 하면 비참할 정도의 미스샷도 나온다. 마치 사람이 달라진 것처럼 말이다. 모처럼 찾아온 감각을 언제까지나 붙들어 놓을 수는 없다. 그래서 유명한 프로 골퍼에게도 슬럼프라는 불청객은 찾아온다. 이때 슬럼프의 원인을 찾아내지 못하면 원인불명의 질병에 걸린 것처럼 쉽게 치유되지 않는다.

골퍼가 슬럼프에 빠지면 속히 원인을 찾아내서 본래의 모습으로 돌아가야 한다. 이때 그 원인불명의 원인을 찾아주는 명의의 도움이 필요하게 되는 것이다. 차라리 자기 진단의 능력이 없으면 처음부터 남의 도움을 청해야 한다. 그러나 아무리 훌륭한 처방을 내려도 환자가 그대로 따르지 못하면 병은 낫지 않는 법이다. 물론 환자에게도 할 말은 있다. 의사도 의사 나름이라고. 돌팔이와 명의가 공존하는 세상이 아닌가……. 여기에 골프를 배우는 어려움이 있는 것이다.

아무튼 스윙 감각을 잃으면 먼저 스윙이 빨라진 데에 그 원인이 있다고 생각하면 틀림이 없다. 그렇게 빠른 속도로 휘둘러서 어떻게 공을 맞히려고 하는지 모르겠다. 스윙이 빨라지면 리듬이 무너져서 슬럼프의 수렁으로 빠지게 된다.

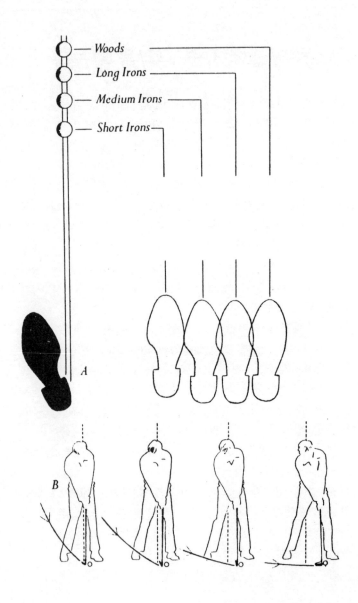

Woods

Long Irons

Medium Irons

Short Irons

A

B

슬럼프 땐 스윙의 기본부터 시작을

평생 운동으로서의 골프…… 만인이 즐길 수 있는 골프는 역시 스윙이 전부다. 스윙을 바로 하기 위해서 가장 중요한 것은 기본이다.

스윙의 기본에 대한 이해와 연구 그리고 연습은 절대적으로 필요한 요소들이다. 스윙을 익히고 나면 개개인의 능력에 맞는 플레이…… 여기에 리듬과 타이밍이 맞으면 천하일품의 나이스 샷은 탄생된다. 완전한 스윙은 시원스런 플레이를 가능케 할 뿐만 아니라 말로는 표현하기 어려운 감격을 안겨 준다. 그러나 영원히 내 곁을 떠나지 않을 것 같던 '감'은 어느 새 사라지고 슬럼프에 빠져든다. 스윙이 안 되기 시작한 것이다.

이때 필요한 것이 원점(기본)으로 돌아가는 지혜다. 심지어 프로 골퍼까지도 슬럼프라는 긴 잠에서 깨어나지 못하는 것은 슬럼프의 원인조차 모르기 때문이다. 말하자면 병이 났을 때 자기 진단의 능력이 없으면 그 병은 만성병이 되고 만다. 스윙은 누가 뭐라 해도 기본 그 자체에 의해서 만들어진다. 그렇기 때문에 잘못된 스윙을 바로잡는 최선의 방법은 기본으로 돌아가는 길뿐이다. 세계적으로 명성을 떨치는 프로 골퍼가 성공할 수 있었던 절대적인 요인은 기본 위에 완성된 스윙을 하기 때문이다. 골프채는 많아도(14개) 스윙은 하나다. 드라이버에서 퍼터까지 어드레스는 스퀘어, 공은 왼발 뒤꿈치 앞…… 이것이 아마추어 골퍼가 추구해야 할 기본이다.

스윙은 하나지만 오직 변하는 것은 스윙의 크기뿐이다. 더욱이 클럽에 따라 특별한 타법 같은 것은 있지도 않지만 알 필요도 없다. 이것이 골프를 단순하게 하는 기본인 것이다.

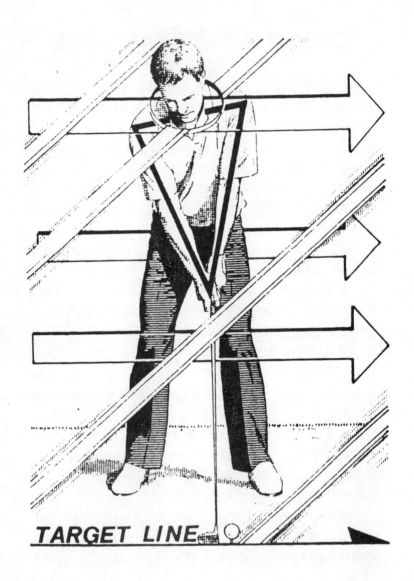

TARGET LINE

'직각 스윙' 땐 타구 성공률 1할 상승

한 방의 나이스샷을 날리기 위해 수많은 연습공을 때린다. 이
것이 아마추어 골퍼의 공을 치는 방법이고 생각이다. 그러나 프
로 골퍼는 언제 튀어나올지도 모를 미스샷 하나를 막기 위해 피
나는 노력을 계속한다. 이처럼 골프에는 천재성이 존재하지 않
는다. 끊임없는 연구와 남다른 노력만이 정상의 자리를 보장받
을 수 있는 유일한 스포츠다.

다시 한번 강조하지만 골프는 스윙이 전부다. 그렇다고 완벽
한 스윙이 있을 리 없다. 비교적 흠(버릇)이 없는 스윙이면 그
것이 바로 완벽한 게임으로 이어진다. 정상을 달리던 프로 골퍼
가 별안간 스윙이 흔들리면서 스코어도 엉망인 경우가 있다. 아
무리 노력해도 슬럼프의 수렁에서 헤어날 수가 없다. 스윙을 체
크해 보니 스탠스는 클로즈드(Closed Stanec)에 어깨의 선은 오
픈이다. 누가 뭐라 해도 이것으로는 공이 맞을 리 없다.

드디어 용단을 내려 그립에서 어드레스까지 몽땅 직각의 원리
를 고수하기로 했다. 그랬더니 클럽 페이스 중심으로 공을 맞히
는 확률이 1할 이상 높아졌다. 정상의 프로 골퍼가 드라이버샷
10개 중 7개를 확실하게 맞히면 대단한 실력자로 평가받는다.
여기에 하나가 더 늘어나면 그것은 대단한 성과다. 이렇게 프로
골퍼까지도 타구의 성공률을 높이기 위해 스윙을 뜯어 고치고
안간 힘을 다해도 고작 1할 정도의 확률을 높일 뿐이다. 그것도
하루 아침에 이뤄지는 일은 아니며 적어도 2~3년은 걸리는 멀
고도 험한 길이다.

왼발 뒤꿈치 앞에 공 두면 '만점 스윙'

스윙은 몇 가지 특징을 가진 원운동이다. 스윙이라는 동작 속에는 무엇보다도 리듬이 있어야 하고 왼쪽 어깨와 클럽 헤드로 이어지는 스윙 평면(Swing Plane)이 있다. 그리고 원의 반지름에 해당하는 스윙 아크(Swing Arc)와 원운동의 중심이 되는 스윙축이 있다. 이것이 스윙의 4대 요소이다. 이 4가지 요소가 균형과 타이밍이라는 뒷받침 속에서 스윙은 완전한 원운동으로 이어진다.

이 원운동은 크나 작으나 똑같은 원리에서 출발한다. 스윙 폭이 가장 작은 퍼팅도 숏어프로치도 모두 풀 스윙(Full-Swing)을 축소한 것이다. 스윙뿐만 아니라 스탠스도 직각의 원리를 지키는 것이 가장 이상적이다. 그런데 클럽이 짧아질수록 공을 안쪽(오른쪽)으로 넣고 쳐야 한다고 믿고 있는 사람이 아직도 많은 것 같다. 결론부터 말하면 그럴 필요도 없거니와 그래서도 안된다. 다만 상황에 따라 공을 오른발 앞에 놓고 쳐야 할 경우는 있다.

또 스윙 폭이 좁아지면 스탠스의 폭도 좁아진다. 스탠스를 좁힐 때는 오른발만 조금씩 왼쪽으로 옮겨 놓는 것으로 충분하다. 왼발은 기둥발이기 때문에 왼발을 움직여서 스탠스를 조절해선 안 된다.

그것은 공의 위치가 드라이버에서 퍼팅까지 왼발 뒤꿈치 앞이라는 원리를 따르기 위해서다. 이렇게 해서 스윙의 모든 것은 직각의 원리를 지켜나갈 수 있다. 다만 변하는 것은 스윙의 크기뿐이고 한 가지 스윙만으로 14개의 클럽을 충분히 활용할 수 있다는 것을 굳게 믿어야 한다.

중심축 일정해야 스웨이 방지한다

사람마다 서로 다른 스윙 폼으로 동일 조건의 코스에서 기량을 겨루는 것이 골프다. 그래서 골프가 재미있는지도 모르지만 스윙은 백인백색이다. 그러나 골프는 스윙이 전부다. 스윙은 팔을 효과 있게 쓸 줄 알아야 한다.

스윙하는 동안 그립을 잡은 두 손은 제멋대로 움직이기 쉽다. 중심축을 돌리면 팔과 손 그리고 어깨가 돌아간다는 지극히 당연한 이치를 이해하고 실천해야 하는 것은 이 때문이다. 바로 여기에 물리적으로 스윙을 해석하는 것과 복잡한 골격과 근육을 가진 사람의 몸이 일치하지 않는 원인이 있는 것이다. 그렇기 때문에 중심축의 위치가 일정하게 유지되는 스윙을 하지 않으면 안 된다. 스윙의 중심축은 상하로 움직이기보다는 회전이라는 운동 때문에 좌우로 움직이게 된다. 백스윙 때 클럽을 오른쪽으로 들어올리면 상반신도 오른쪽으로 움직이기 쉽다.

또 공을 때리려는 의식이 강하면 다운스윙 때 상반신이 목표쪽으로 쏠리게 된다. 이렇게 백스윙과 다운스윙 때 몸이 좌우로 움직이는 것을 스웨이(Sway)라고 한다. 스웨이를 방지하는 유일한 방법은 스윙의 중심축을 일정하게 고정시키는 일이다. 마치 컴파스의 기둥 다리처럼. 머리를 고정시키라는 것도 백스윙 때 머리가 움직이면 스윙축도 따라 움직이는 결과가 되기 때문이다.

그래서 골프는 좌반신의 게임이라는 말까지 나오게 된다. 이와 같은 표현도 스윙의 주도권은 좌반신에 있어야 한다는 것을 강조한 말이다.

원칙에 매달리면 스윙 전체를 망친다

골프 스윙의 기술적인 설명에는 해야 하는 것과 절대로 해서는 안 되는 것들이 많다. '머리를 움직이지 마라'는 '머리를 들어서는 안 된다'로······ '왼팔을 펴라'는 '백스윙 때 왼팔을 굽히지 마라'로······ 또는 '오버 스윙은 금물이다'로······. 그렇지만 이것들은 지나치게 국부적인 동작을 강요하는 때가 많아서 모든 철칙을 그대로 다 실행한다면 아마도 스윙은 고사하고 처음부터 몸을 움직일 수도 없을 것이다.

골프 스윙은 사람의 몸에 저항을 느낄 만큼 부자유스러운 것도 무리한 운동도 아니다. 누구나 원리만 따르면 자연스럽게 할 수 있는 것이 골프 스윙이다. 다만 중요한 것은 골프 스윙이 어떤 것인가 하는 그 원리적인 운동 법칙을 아느냐 모르느냐는 것만이 문제일 뿐이다. 국부적으로 표현된 원칙에 사로잡히면 스윙 전체를 그르치고 만다. 기술적인 표현마다 왜 그렇게 해야 하는지······ 어떻게 하면 그렇게 할 수 있는지를 이해해서 단편적인 이론을 스윙 전체의 이론으로 흡수할 줄 알아야 한다.

이것을 좀더 구체적으로 설명해 보자. 어떻게 해야 공을 직각으로 맞히고 공을 맞히는 순간 클럽 헤드의 스피드를 가속시킬 수 있는지를 알아내야 한다. 불과 2초 안팎의 스윙이라는 동작 속에서 지나치리만큼 많은 철칙을 다 따를 수는 없다.

어려운 상황일수록 과감한 스윙을

어떤 운동에서도 당황하거나 우유부단하면 실수를 범하기 쉽다. 이때 필요한 것이 결단력이다. 야구에서의 4구(간혹 고의 4구가 있기는 하지만)는 대개 자신 없이 망설일 때 일어난다고 한다. 홈런이나 장타를 얻어맞으면 게임이 뒤집힐 수도 있는 상황에서 이를 피하려고 많은 궁리를 하게 된다. 여기까지는 누구도 뭐랄 수 없는 훌륭한 작전이다. 그러나 이것이 지나쳐서 망설이게 되면 4구가 나온다고 한다. 강속구라면 한복판을 찔러도 쉽게 얻어맞지 않는 것이 야구다. 그렇지만 때로는 얻어맞을지도 모른다는 불안 때문에 지나치게 구석구석만을 노리다 보면 (Corner Work) 자멸하고 만다.

골프의 경우도 사정은 같다. 오히려 플레이를 방해하는 상대가 사람이 아니라 자연 조건이기 때문에 미스샷에 대한 두려움은 커지게 마련이다. 만일 벙커에 들어가면…… 아니 OB라도 나면…… 이러다가 결정적인 상황에서는 공포 때문에 일어나는 '만일에……'라는 가정은 그칠 줄 모른다.

공을 맞힌다는 것 자체가 겁이 나서 결단력은 둔화될 수밖에 없다. 이런 상태에서의 타구는 보나마나 미스샷이다. 미스샷에 대한 공포가 쌓이면 몸은 굳어지고 마음은 안절부절 안정을 잃는다. 이렇게 어려운 상황에서는 차라리 결단을 빨리 해서 타구를 끝내는 것이 좋다. 공을 앞에 놓고 이것저것 생각에 골몰하면 미스샷에 대한 공포는 커지기만 한다.

그렇기 때문에 너무 오래 뜸을 들여서는 안 된다. 2사만루 볼카운트 2-3(2 Strikes 3 Balls)의 상황에서 홈 플레이트 한복판을 겨냥해서 직구를 던지는 투수의 심정처럼 말이다.

스윙 속도는 보통 걸음걸이와 같게

공은 분명히 팔로 치지만 스윙 그 자체는 온 몸을 쓰는 전신 운동이다. 그러면서도 여러 부분의 근육이 조화를 이뤄 하나의 통일된 동작으로 결집돼야 한다. 이를 위해 아마추어 골퍼의 스윙은 "느린 것이 좋다"고 했다. 이것을 "느릴수록 좋다는 말이냐"고 물고 늘어진다. 결론부터 말하면 아무리 느려도 좋다는 말은 결코 아니다. 일반적으로 아마추어 골퍼의 스윙은 이유 없이 빠르기 때문에 이를 경고하는 말에 불과하다.

아무리 스윙이 느리다 해도 "클럽을 휘두른다는 느낌이 들 정도의 속도"는 있어야 한다. 그렇지 않고 극단적으로 느린 스윙은 전신에 힘이 들어가서 타이밍도 리듬도 찾을 수가 없다. 이론대로라면 리듬에 맞춰 빨리 휘두르는 쪽이 클럽 헤드의 스피드도 빨라져서 공이 멀리 날아가는 것은 사실이지만, 스윙이 빠르면 백스윙이 끝나기도 전에 다운스윙이 시작되는 범실을 범하기 쉬워서 느린 것을 강조하게 되는 것이다. 스윙의 속도는 사람마다 다르다. 자기의 보통 걸음걸이의 속도와 비슷한 것이 일반적인 기준이라고 생각하면 엇비슷하게 맞아 들어간다. 그러면서도 중요한 것은 균형이 흐트러지지 않는 템포를 찾아내는 것이 필요하다.

"스윙은 느릴수록 좋다"는 말은 자기의 템포보다 빨라지지 말라는 경고(?)에 지나지 않는다. 아무리 형편없는 (실례되는 표현이지만) 골퍼라도 연습 스윙만 보면 프로급 수준의 스윙을 한다. 그러나 진작 공을 앞에 놓고 스윙을 하면 초보자의 탈을 벗어나지 못한다. 힘이 들어간 탓이다. 그래서 '힘 빼기 3년'이라고 하지 않았던가…….

체중 이동보다는 회전에 신경을

체중 이동의 폭은 클수록 좋다고 했다. 야구에서 홈런 타자들의 배팅 폼을 보면 거의 전부가 체중이 오른쪽으로 옮겨갔다 공을 맞히는 순간에는 완전히 왼쪽으로 이동하는 것을 알 수 있다.

강한 펀치력은 체중 이동에서 비롯된 것인가보다. 공을 쳐서 멀리 보낸다는 점에서는 야구나 골프도 마찬가지여서 이 방법(체중 이동)은 골프에서도 충분히 이용해도 될 것이다. 그러나 좀처럼 주의하지 않으면 이 방법은 스웨이(Sway)가 되며, 스웨이는 스윙축이 흔들리는 스윙이 되고 만다. 톱 오브 스윙 때 체중이 몽땅 오른발에 걸린다면 허리나 어깨를 오른쪽으로 옮겨가는 운동을 할 뿐이다. 몸이 돌아가지 않는 스윙은 힘의 낭비에 불과하다. 야구의 배팅은 투수가 던지는 공을 되돌려치는 것이기 때문에 날아오는 공의 속도에 지지 않을 만큼의 반동이 없으면 안 된다. 그래서 타자들은 뒷발에 체중을 놓았다가 공을 때리는 순간 앞발 쪽으로 이동시키고 있다. 이것이 소위 스트라이드(Stride) 타법이다.

그렇지만 골프는 땅 위에 멎어 있는 공을 긴 클럽을 휘둘러서 맞히기 때문에 사정은 좀 다르다. 즉 야구처럼 많은 체중 이동의 폭이 커서 중심축까지 흔들린다면 오히려 폐단만 많을 뿐이다. 골프 스윙은 허리나 어깨를 이동시키는 것이 아니라 회전시켜야 결과적으로는 체중 이동이 되는 것이다. 스윙축을 고정시켜 놓고 그것을 중심으로 허리와 어깨가 돌아가야 진정한 의미의 골프 스윙이 된다.

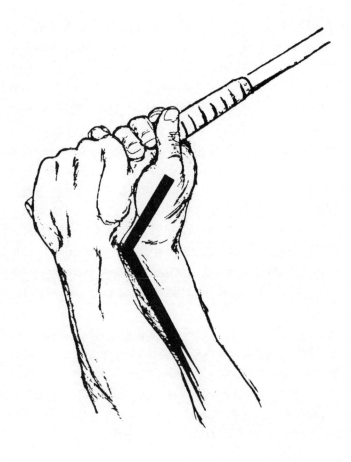

손목은 왼손 엄지 쪽으로 꺾여야 정상

스윙을 도와주는 동작 중에 손목을 꺾는 일(Cocking)이 있다. 망치로 못을 박거나 손으로 공을 던질 때 전혀 의식하지 않아도 손목은 자연스럽게 꺾인다. 이때 손목을 어떻게 꺾어야 한다고 걱정하거나 따지는 사람은 아무도 없을 것이다.

이처럼 골프 스윙에서 손목이 꺾이는 것은 의식적으로 꺾는 것이 아니라 결과적으로 자연스럽게 꺾여야 이상적이다. 오히려 손목을 꺾지 않는다고 생각할 때 가장 좋은 결과를 얻게 된다. 스윙 도중에 지나치게 손목을 의식하면 반드시 손목은 잘못 꺾이고 만다.

또 손목을 꺾는 일을 이것저것 생각하다 보면 어깨와 팔이 제각기 놀게 되어 일체감을 잃는다. 뿐만 아니라 어깨가 덜 돌아가서 스윙이 불완전해지고 부드러워지지도 않는다. 그렇기 때문에 손목은 어디까지나 무의식중에 자연스럽게 꺾여야 한다. 그러기 위해서는 오른쪽 손목과 팔꿈치에 힘이 들어가 굳어 있으면 안 되는 것이다. 오른팔에 힘이 들어가면 오히려 손목이 바로 꺾이지 않는다. 정확한 코킹이란 왼손 엄지손가락 쪽으로 손목이 꺾이는 것을 말한다. 어드레스 때 이미 오른쪽 손목과 팔꿈치가 굳어 있으면 톱 오브 스윙(Top of Swing)에서 오른쪽 팔꿈치가 몸 밖으로 빠지면서 (팔꿈치는 땅을 보고 있어야 정상이지만) 오른쪽 손목이 뻗거나 아니면 손등 쪽으로 꺾이게 된다. 아마추어 골퍼의 스윙의 어려움은 손목을 잘못 꺾는 데에서 비롯된다.

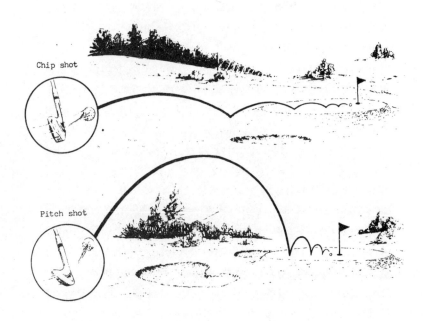

Chip shot

Pitch shot

칩샷도 피치샷도 기본 동작은 스윙

골프와 스윙, 골프샷은 당연히 스윙이 전부인 줄 알면서도 제대로 되지 않는 것이 스윙의 어려움이다. 스윙은 골프채를 휘두르는 것부터 배워야 하는데 공을 맞히기 위한 동작으로만 생각하기 때문에 스윙의 기본적인 원리를 망각하게 된다. 다시 말하면 스윙은 공을 때리는 동작이 아니라 클럽을 휘두르는 동작이다. 그렇기 때문에 아무리 짧은 어프로치샷도 골프채를 휘두르는 동작(Swing)이 있어야 한다. 이 원리는 드라이버에서 퍼터에 이르기까지 모든 타구에 적용되는 공통 원론이다.

그래서 그린 근처에서의 숏어프로치샷도 드라이버샷의 스윙을 그대로 축소한 것이어야 한다. 몸이 움직이는 동작이 작다고 손목만 까딱거려 공을 쳐서는 안 된다는 말이다. 물론 스탠스의 폭은 거리에 따라 좁아지지만 공의 위치는 항상 일정하다는 것도 잊어서는 안 된다. 상황에 따라 공의 위치를 바꿔 놓는 타법은 있다. 그래도 공을 맞히는 기본 원리만은 드라이버에서 퍼터까지 똑같아야 한다.

숏어프로치샷에는 공을 띄워치는 피치샷(Pitch Shot)과 굴려서 핀에 붙이는 칩샷(Chip Shot)이 있다. 공을 띄울 때는 공을 왼쪽에 놓고, 굴리는 공은 오른쪽에 놓아 공의 위치에 따라 탄도를 조절하는 방법이 없는 것은 아니다. 그렇지만 처음 골프를 배우는 사람은 스윙도, 공의 위치도 간결하고 단순한 방법을 택해야 하기 때문에 왼발 뒤꿈치 앞에 공을 놓는 방법으로 통일하는 것이 가장 바람직하다.

스윙 폼은 물 흐르듯 자연스럽게

골프의 스윙론만 하더라도 수많은 이론이 있지만 어느 것도 잘못된 것은 없다.

생각하기에 따라서는 정반대의 이론처럼 보이는 것도 있어 골퍼를 당황하게 만들지만 어느 쪽도 정당성은 있다. 그렇기 때문에 어느 쪽을 택하든 자기 자신이 이해하고 실천할 수 있으면 그만이다. 요는 자기 몸에 맞는 쪽을 택해서 자기 나름의 새로운 요령으로 정착시킬 수 있어야 그 이론은 효과가 있다. 사람마다 지문이 다르듯 신체 조건이나 성질도 모두 다르다. 그렇기 때문에 하나의 원리만으로 전부를 규제할 수는 없다. 바로 여기가 골프의 어려움이고 단순해야 할 골프를 복잡하게 만드는 요인이다.

프로, 아마추어를 막론하고 스윙 폼이 아름다운 것은 스윙 동작이 물이 흐르듯 자연스럽기 때문이다. 자기가 가지고 있는 육체적인 기능을 무리 없이 자연스럽게 움직여서 스윙이라는 하나의 동작을 연출한다. 스윙 폼뿐만 아니라 스스로 편안한 마음으로 행동하고 게임 운영에 대한 확실한 계획을 세워서 항상 즐거운 플레이를 할 줄 알아야 한다. 설사 고의적인 의도는 없더라도 상대방을 자극하는 행동을 하는 스윙 폼의 소유자는 언젠가는 혼자서 골프장을 찾을 수밖에 없는 날도 있을 것이다. 이처럼 골프는 스윙 폼의 아름다움을 강조한다.

공을 보다 멀리, 보다 정확하게 보낼 수 있는 것은 스윙에 달려 있지만, 그 스윙 폼은 물이 흐르듯 자연스러운 것이어야 아름다운 것이다.

장타 때리려면 하체 힘 확고히 다져라

장타의 비결도 방향의 정확성도 공을 클럽 페이스 중심점(S-weet Point)으로 정확하게 맞히는 것이 우선돼야 하고, 그 다음은 힘 있게 맞혀야 한다. 힘…… 골프에서 금기처럼 여겨지는 이 힘은 반드시 필요한 것이지만, 힘도 쓸 때 써야지 그렇지 않으면 오히려 힘은 없는 것만 못하다.

스윙은 무엇보다도 하체가 튼튼해야 한다고 했다. 물론 클럽을 잡고 있는 손(그립)도 확실하게 잡혀 있어야 하지만, 땅을 힘차게 밟고 있는 스탠스도 이에 못지않게 중요한 역할을 한다. 그래야 상체와 하체의 힘이 균형 있게 유지된다. 그러나 어차피 균형을 이루지 못할 바에는 차라리 하반신의 힘만이라도 강해야 장타를 위해서는 바람직하다.

하반신을 확고히 다지기 위해서는 먼저 어깨와 팔의 힘을 빼야 한다. 상체의 힘을 뺄 수 있으면 하반신은 자연히 힘이 들어가서 기반이 튼튼해진다. 상체의 힘을 빼는 방법은 간단하다. 자연스러운 어드레스 자세에서 클럽 헤드를 땅에서 떼고 좌우로 흔들어 본다(Waggle). 이때 샤프트가 휘청거리면서 클럽 헤드가 좌우로 흔들릴 때마다 클럽 헤드의 무게를 느끼게 될 것이다. 클럽 헤드의 무게가 샤프트를 통해 팔에 느껴지면 어깨와 팔의 힘은 빠져 있다고 할 수 있다.

바로 이 느낌을 그대로 간직한 채 백스윙도 다운스윙도 이뤄져야 하지만, 타구 때마다 클럽 헤드의 무게를 느끼는 습관을 통해 힘을 빼는 방법을 확인해야 한다.

파는 과정을 따지지 않는다

골프 코스는 거리에 따라 규정 타수(Par)가 정해지는 것쯤 누구나 알고 있는 상식이다. 또 그린에 올라가면 2퍼팅으로 홀아웃하는 것을 전제로 규정타수를 산정하는 것도 알고 있을 것이다.

그러나 파라고 하는 것은 결과를 보고 붙여지는 대명사에 불과하지 결코 그 과정을 따지지 않는다. 450야드의 파4인 홀에서 2온 2퍼트(2학년 2반)도 파요 3온 1퍼트(3학년 1반)도 파다. 그런데 항상 정해진 대로(2온 2퍼트) 파플레이를 할 수 있는 골퍼가 과연 얼마나 될까…… 스코어 카드에 그려진 대로 교과서식 파플레이를 한다면 그야말로 골프의 우등생이다.

그런데 18홀을 도는 동안 (때로는 72홀까지도) 또박또박 판에 박힌 플레이를 한다는 건 여간 어려운 기술이 아니다. 그러나 이보다 더 어려운 것이 3학년 1반격인 3온 1퍼트의 파플레이다.

이 3온 1퍼트의 골프가 완성되면 2온 2퍼트의 골프보다도 한수 위의 기술이고, 그야말로 완벽에 가까운 골프라고 말할 수 있다. 기껏 2온을 하고도 3퍼트면 보기가 되지만, 만일 정상대로 그린온이 되지 않았을 경우 어프로치샷으로 1퍼트 권내로 핀에 붙인다는 건 더욱더 어려운 일이다. 이렇게 3온 1퍼트의 골프를 완성하면 때로는 2온 1퍼트(버디)도 가능해지고, 간혹 그린을 벗어나도 어렵지 않게 파플레이를 할 수 있게 된다.

세계적으로 유명한 골퍼가 위대한 것은 그들 모두가 3학년 1반의 동창생들이기 때문이다. 우리 아마추어 골퍼도 언젠가는 3학년 1반으로 편입하거나 진학할 때 비로소 우리의 실력도 높이 평가받게 될 것이다.

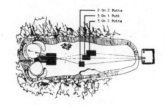

미 스 샷

Miss Shots

헤드업은 마음이 움직이기 때문

아무리 스윙 폼이 좋아도 중심축이 흔들리면 공은 바로 맞지
않는다. 더욱이 머리는 절대로 움직여서는 안 된다고 누구나 말
한다. 물론 헤드업(Head-up)이란 머리가 들리는 것을 말하지만,
사실은 머리가 움직이는 것은 마음이 흔들리기 때문이다. 눈 앞
에 연못이나 낭떠러지 같은 장애물이 도사리고 있으면 마음이
흔들리게 되고 심하면 다리까지 흔들린다. 이런 상황에서 공을
치면 장애물 속으로 공이 들어가지 않은 것을 빨리 확인하고 싶
어 머리를 들게 된다.

미스샷의 원인은 여러 가지가 있고 또 사람마다 다르다. 이렇
게도 많은 미스샷의 원인을 간단히 한 마디로 처리해 버리는 것
은 잘못된 판단이다. 슬라이스도, 토핑도, 뒤땅치기도 덮어놓고
헤드업 탓으로만 몰아세우니 말이다. 그러나 헤드업은 머리가
들릴 수밖에 없는 원인이 어딘가에 숨어 있게 마련이다.

말하자면 머리만 들리는 것이 아니라 머리를 들게 하는 무엇
이 있다는 것이다. 다운스윙 때 오른쪽 어깨가 오른쪽 턱을 밀
어내서 머리가 들리는 수도 있다. 왼쪽 어깨와 오른쪽 어깨는
어드레스에서 폴로스루 때까지는 주먹 하나만큼 상하로 높이가
바뀐다.

어드레스 때는 왼쪽 어깨가 높지만 백스윙이 진행되면서 오른
쪽 어깨가 조금씩 올라간다. 그러나 백스윙의 정점(Top of Swing)
에서는 오른쪽 어깨가 주먹 하나만큼 높아졌다가 다운스윙에 들
어서면 어깨의 위치는 다시 높낮이가 바뀌게 된다. 이 변동이
반대의 형태로 나타나면 토핑이 되는 것이다.

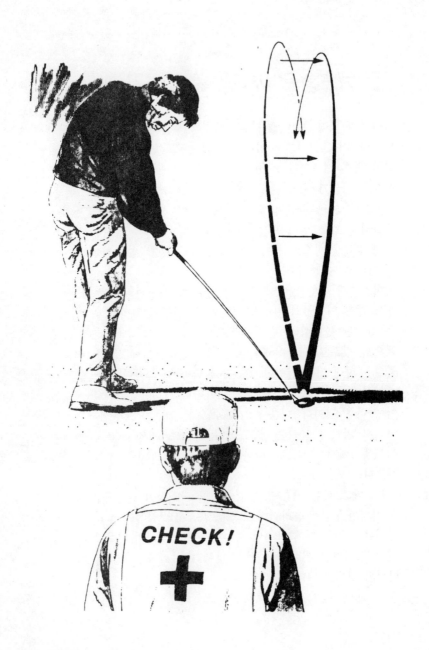

잘못된 스윙 바로잡을 땐 과감하게

골프에 입문하면 어김없이 찾아오는 정해진 과정이 있다. 그 첫번재 관문이 슬라이스(Slice)라고 일반적으로 알고 있지만 가끔 훅(Hook)에서 출발하는 사람도 있다. 초보자의 구질이 훅인 사람에게 어떻게 하면 훅공을 칠 수 있느냐고 물으면 정확히 대답할 수 없는 것이 그들의 실력(?)이다. 어쩌다 나오는 나이스 샷을 계속할 수 없는 것도 그 원인을 모르기 때문이다. 이러니 사정은 딱하기만 하다.

마찬가지로 훅이든 슬라이스든간에 제멋대로 나오는 타구의 결과이기 때문에 그 타법 같은 것을 알 까닭이 없다. 그러나 어느 정도의 시련을 극복하면 슬라이스도 훅도 자유자재로 구사할 수 있는 시기도 찾아온다. 잘못된 구질은 어느 쪽도 그 원인은 스윙에 있다. 그래서 골프는 스윙이 전부라고 하는 것이다. 잘못된 스윙을 교정하는 것은 초보자 시절에는 쉽게 할 수 있어도 몇년의 경력을 자랑할 때쯤 되면 이미 교정 시기를 놓치고 만다. 더욱이 구질까지 완전히 뜯어고치는 교정 작업은 신중을 기하지 않으면 돌이킬 수 없는 혼란에 빠질 위험성마저 있다.

잘못된 스윙을 바로잡을 때 독학은 금물이다. 누군가가 바로잡아주는 사람이 있어야 한다. 아무리 자유형(?)의 골퍼도 자기 자신은 정상적이고 훌륭한 스윙이라고 굳게 믿고 자랑까지 하게 되는 것이 골프의 장점(?)이다. 그렇지만 누구에게나 잘못된 부분은 있게 마련이다. 알면서도 고치지 못하는 것은 부끄러운 일이지만, 잘못된 것을 고치는 것은 자랑스러운 용기인 것이다.

더핑, 토핑의 근원 치료는 헤드 고정

뒤땅을 치거나(Duffing) 공 머리를 때리는 것(Topping)은 잘
못 맞은 공 중에서도 가장 대표적인 미스샷이다. 초보자에서 프
로 골퍼까지 정도의 차이는 있어도 뒤땅치기와 토핑은 영원히
떨어지지 않고 따라다니는 친밀한(?) 관계다. 이 두 가지 미스
샷은 표현은 달라도 한 가지 동작 속에서 나타나는 결과일 것
이다.

타구 결과를 빨리 알고 싶어 머리를 들면(Head-up) 토핑이
되고, 반대로 헤드업을 의식해서 지나치게 머리를 박으면 뒤땅
을 치게 된다. 이처럼 공을 치는 순간 머리가 어떻게 움직이는
가 하는 데 따라 그것이 뒤땅치기와 토핑이라는 판이한 결과로
나타나게 된다. 그렇기 때문에 결국 뿌리(원인)를 같이하는 이
두 가지 미스샷은 치유 방법도 간단하다. 즉 뒤땅치기를 고치면
토핑도 안 하게 되고 또 토핑을 막으면 뒤땅도 안 치게 된다.

한 가지 동작의 앞뒤가 뒤땅치기와 토핑이라는 미스샷의 형태
로 나타나지만, 이 두 가지 구질은 머리가 상하로 움직일 때 일
어나게 된다. 머리가 상하로 움직이게 되는 원인에도 여러 가지
가 있지만, 뒤땅을 치거나 토핑이 되는 원인은 머리가 상하로
움직여서 스윙 아크(Swing Arc)의 반지름이 늘어났다 줄었다
하기 때문이다. 소위 춤을 추는 스윙은 그 결과가 뒤땅치기와
토핑이라는 미스샷으로 나타나게 되고, 이것은 수레의 두 바퀴
처럼 동시에 일어나기도 하고 치유되기도 하는 불가분의 관계에
있는 것이다.

게임 때 스윙도 연습공 치듯 하라

아직도 100의 문턱을 넘나드는 초년생 골퍼(Duffer-뒤땅만 치는 엉터리 골퍼라는 뜻으로 쓰인다)도 연습 스윙만은 천하일품이다. 마치 수준급 골퍼의 스윙 폼처럼 보이는 연습 스윙을 그대로 실제 타구 때도 할 수 있다면 누구나 훌륭한 타구가 가능할 것이다.

공 없이 무심코 휘둘러대는 스윙은 나무랄 데 없는데 공만 보면 헛방 아니면 뒤땅을 때린다. 웬일일까. 아무리 생각해도 이해가 가지 않는다. 하던 일(?)도 멍석만 펴면 하지 않는다는 말이 실감난다. 간혹 코스에 떨어져 있는 솔방울이나 여기저기 피어 있는 들꽃이라도 쳐보면 어김없이 잘 맞아나간다. 그것은 목표 없이 휘두르는 스윙에는 아무 부담도 긴장도 없기 때문이다. 그런데 정작 눈앞에 놓인 공을 치면 미스샷의 연발이다.

대부분의 골퍼는 공 앞에 서서 어드레스 자세를 잡는 순간 손목과 무릎에 긴장이 지나쳐 군힘이 들어가 굳어 버린다. 이것이 미스샷의 근본 원인이다. 그러나 공이 아닌 다른 대용품을 칠 때에는 리듬이 살아나 스윙이 부드러워진다. 그래서 공(실제는 공 대용품)이 잘 맞지만 진짜 공은 사정이 달라진다. 과연 제대로 맞을 것인가…… 슬라이스나 혹이 나지는 않을까…… 뒤땅, 토핑, 헛방…… 별별 자신 없는 불길한 생각이 일시에 몰려온다. 온 몸이 긴장으로 싸인다. 이럴 때일수록 공을 공으로 보지 말고 솔방울 정도로 가볍게 생각하면 공은 제대로 맞아나갈 것이다.

많은 굿샷보다 미스샷 없는 게임을

한번의 나이스샷을 날리기 위해 많은 땀을 흘린다. 그러나 연습의 궁극적인 목적은 어쩌다 나오는 굿샷이 아니라 어느 때 어느 곳에서나 예고 없이 나타나는 미스샷 하나를 줄이기 위해서다. 이런 것을 두고 골프는 미스샷을 줄이는 게임이라고 표현하기도 한다.

아무리 나이스샷을 자주 날려도 미스샷을 줄이지 못하면 결코 훌륭한 골퍼가 될 수 없으며 챔피언의 자리에 오를 수도 없다. 자기 자신도 믿기 어려운 회심의 1타가 제아무리 뛰어난 세계적인 골퍼라도 자주 나오는 것은 아니다. 그저 평범한 타구 속에 끼어서 어쩌다 나올 정도여서 골프란 그렇게 마음 먹은 대로 되는 것은 아니다. 그렇기 때문에 나이스샷을 많이 날리기보다는 미스샷을 줄이기 위해 눈을 돌리는 것이 보다 현실적이고 현명한 판단이다. 정상을 달리는 프로 골퍼마저도 미스샷을 방지하기 위한 노력을 게을리하지 않는데, 하물며 아마추어 골퍼는 두말할 것도 없이 미스샷의 비운을 통감해야 할 것이다.

물론 미스샷을 내고 싶어서 내는 사람은 아무도 없다. 그렇지만 플레이가 끝나고 게임 내용을 분석해 보면 미스샷을 예상할 수 있었던 장면이 몇 군데쯤 있었던 것을 알게 된다. 이렇게 이미 예견된 상황에서조차 무리한 타구를 강행한다면 스스로 미스샷을 자초하는 결과가 될 뿐이다. 화려한 장타가 아니라도 좋다. 어차피 우리는 평범한 골퍼가 아닌가. 그러니 어쩌다 나오는 나이스샷보다는 자주 나오는 평범한 타구에 신경을 써야 할 것이다.

다운스윙 때 오른쪽 어깨 들면 '미스샷'

드라이버샷은 거리가 20~30m쯤 짧아도, 방향이 좌우 10m 정도 틀어져도 나이스샷일 수가 있다. 그렇지만 퍼팅만은 단 1cm 잘못 돼도 미스샷이 되고 만다.

그것은 목표물이 크고 넓으면 오차의 허용 범위도 넓어지지만 목표물이 작아지면 그만큼 허용 오차도 좁아지기 때문이다. 흔히 미스샷의 원인은 머리를 들기 때문이라고 단정하는 경우가 많다. 눈앞에 장애물이 보이면 불안 심리가 작동해서 조속히 그 결과를 확인하고 싶은 충동이 일어난다. 그래서 머리가 들리게 되고 이것을 헤드업(Head-up)이라는 말로 표현한다.

물론 미스샷의 원인도 각양각색이지만 대개의 경우 '헤드업'이라는 말 한 마디로 처리해 버리는 것이 아마추어 골퍼의 일반적인 병폐이기도 하다. 슬라이스가 나거나 OB가 나는 것도, 토핑(Topping)에다 뒤땅을 치는 것(Duffing)까지도 몽땅 헤드업에 그 원인을 돌린다. 그렇지만 냉정히 생각하면 헤드업에는 머리를 들 수밖에 없는 근본 원인이 있게 마련이다.

그 원인의 하나가 오른쪽 어깨다. 다운스윙 때 오른쪽 어깨가 들리면 오른쪽 턱을 밀어내게 되고 그 결과 머리도 따라 움직이게 된다. 좌우 양쪽 어깨는 어드레스에서 폴로스루까지 항상 일정률의 상하 이동의 변화가 있다. 자연스런 어드레스 자세에선 왼쪽 어깨가 높고 백스윙이 진행됨에 따라 오른쪽 어깨가 점점 높아지다 톱 오브 스윙(Top of Swing)을 고비로 다운스윙에 들어가면 오른쪽 어깨가 점점 낮아지게 된다. 이것이 스윙의 자연스런 움직임이다. 그러나 이 관계가 역순으로 작용하면 머리가 들려서 여러 가지 미스샷을 만들어내는 원인이 된다.

스윙축이 흔들리면 미스샷 일어난다

아마추어 골퍼의 스윙을 보면 공을 치고 나서 몸이 뒤틀리는 사람이 많은 것을 알 수 있다. 이것은 골프장에서뿐만 아니라 연습장에서도 흔히 볼 수 있는 광경이다. 타구 후 몸을 제대로 가누지 못하면 영락없는 미스샷이다. 이렇게 균형을 잃는 자세가 되는 것은 팔에만 의존하는 힘을 앞세운 스윙을 하기 때문이다. 그 결과 하반신이 안정을 잃고 흔들리게 된다.

스윙하는 동안 상체의 힘이 하체보다 지나치게 강하게 작용하면 하반신이 이것을 받쳐 주지 못해서 균형을 잃는다. 손으로 잡고 있는 골프채로 공을 치는 것이 골프이기 때문에 아무래도 팔(힘)에 의존하게 되는 것은 어쩌면 당연한 일인지도 모른다. 어쨌든 하체가 흔들리면 스윙 자세 어딘가에 잘못이 있어 예고 없이 미스샷은 일어나게 된다. 건축물에 비유하면 하반신은 기초에 해당하기 때문에 기반이 약하면 그 건축물은 언제 무너질지도 모를 위험 상태에 놓이게 된다.

골프 스윙도 이와 같아서 기초가 흔들리면 아무리 좋은 스윙 폼을 하더라도 중심축이 흔들려서 균형 있는 원운동을 못하게 된다. 사격에서도 목표를 겨냥할 때 몸이 흔들리면 명중률이 떨어지고 만다. 목표를 겨냥하는 몸 동작은 어느 스포츠나 원리는 한 가지다. 골프에서 스윙축이 흔들리면 클럽 페이스의 중심점(Sweet Point)으로 공을 정확하게 맞히기란 여간 어려운 것이 아니다.

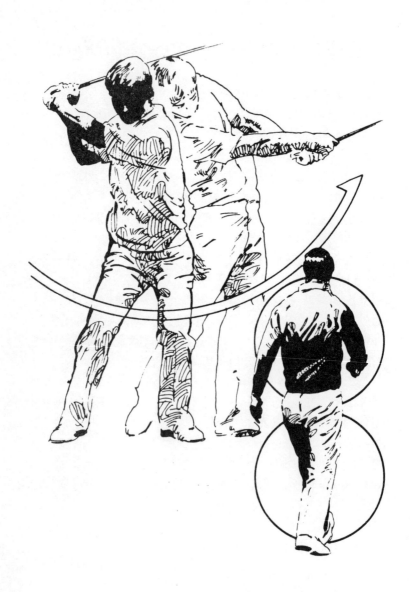

스윙 템포 걸음걸이로 맞추면 'OK'

미스샷의 원인도 그야말로 하늘의 별만큼이나 많다. 미스샷을 하고 나면 으레 스윙이 빠른 것이 원인이라고 지적한다. 그렇지만 스윙이 빠른 사람은 아무리 느리게 하려고 해도 잘 되지 않는다.

사람마다 자기 나름의 템포가 있다. 스윙이 빠르면 빠른 대로, 느리면 느린 대로 일정한 템포만 유지할 수 있으면 스윙이 빠르다고 다 미스샷이 되는 것은 아니다. 다만 스윙이 빠르면 몸이 따라가기 어려워서 하는 말이다. 그런데 빠른 스윙을 느리게 할 수 있는 방법이 있다. 발걸음에 맞춰 팔을 흔드는(스윙) 방법이다.

손은 얼마든지 빨리 흔들 수 있어도 발은 그렇게 빨리 움직일 수가 없다. 그렇기 때문에 걸음걸이에 맞춰 팔을 흔들면 자연히 스윙 속도도 느려지게 된다. 스윙을 할 때 걸어갈 때처럼 손발이 함께 움직이면 템포는 느려도 타이밍이 맞아 서둘러 치는 버릇은 없어진다. 스윙 속도가 보통 때 걸음걸이의 속도와 같으면 아주 무난한 스윙이 된다. 그 정도의 템포를 유지하면 공을 맞히는 순간 클럽 헤드의 스피드는 가속돼서 장타의 원동력이 되는 것이다.

이처럼 느린 속도로 내려오다 (다운스윙) 폴로스루 때 클럽 헤드의 스피드가 최대로 가속되는 스윙 감각을 익히기 위해서는 피칭웨지가 제격이다. 클럽의 길이가 짧고 무거우면 스윙이 빠른 사람도 얼마든지 느리게 휘두를 수 있고, 이것을 긴 클럽에 확대 적용하면 스윙을 느리게 할 수 있는 계기가 된다.

호흡 등 평상 리듬 잃지 마라

새삼스럽게 리듬의 중요성을 강조하지 않아도 애써 찾아낸 자신의 리듬을 살리면 타구 효과는 대단하다. 스윙 스타일은 달라도 리듬만 지키면 터무니없는 미스샷은 일어나지 않는다. 골프의 리듬이란 다른 것이 아니다. 스윙을 하기 전까지 어떤 준비를 하는 과정에서의 순서와 템포를 말한다. 이것은 마음과 몸을 얼마만큼 공에 집중시키는가 하는 것도 포함되고, 그것은 곧 공은 반드시 목표 쪽으로 날아간다는 확신을 갖는 것이기도 하다.

미스샷은 단지 스윙이 나쁘기 때문에 일어나는 것만은 아니다. 호흡 조절이 잘못 돼도, 정신 집중이 안 돼도, 긴장감이나 불안감에 사로잡혀도 미스샷은 일어나게 된다. 적어도 이런 종류의 미스샷은 리듬만 지키면 사전에 막을 수 있다. 누구나 경험한 일이지만 플레이 중에 앞팀과의 거리가 너무 떨어지면 뒤팀에게 쫓기게 된다. 그러면 자연히 플레이를 빨리 하려고 서두르게 되고 그럴수록 미스샷이 일어나서 좀처럼 플레이가 빨라지지 않는다.

그렇지만 플레이에 여유가 있어서 침착하고 안정된 상태에서는 이런 미스샷은 일어나지 않는다. 그것은 무의식중에서도 자기 자신의 리듬을 지키고 그 리듬에 따라 플레이를 하면 평소의 실력을 충분히 발휘할 수 있기 때문이다. 프로 골퍼뿐만 아니라 초보자까지도 자신의 리듬에 맞는 스윙을 하면 많은 미스샷을 막을 수 있다. 골프란 어떻게 하면 좋은 스윙을 할 수 있을까보다는 오히려 어떻게 해야 리듬에 맞는 스윙을 할 수 있는가를 더 중요시하는 스포츠이다.

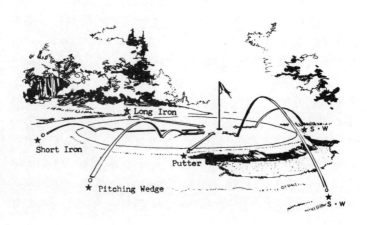

클럽은 특성에 맞게 사용해야

미스샷은 긴 타구에서만 일어나는 것은 아니다. 짧은 거리의 어프로치샷 때에도 여러 가지 형태의 미스샷이 일어난다. 초보자 시절 전매특허처럼 따라다니는 슬라이스나 혹 같은 미스샷은 없어도 뒤땅치기, 토핑, 생크 같은 미스샷이 나온다.

짧은 거리에서의 어프로치샷은 미묘한 타구 감각이 요구된다. 핀까지의 거리가 가깝기 때문에 자칫하면 헤드업이 되기 쉽다. 무거운 캐디백 속에는 14개의 골프채가 들어 있다. 그런데 일반적으로 초보자들은 티샷은 무조건 드라이버, 어프로치샷은 한결같이 피칭웨지밖에 모르기 때문에 오히려 골프를 어렵게 만들고 있다. 핀을 겨냥하는 마지막 타구는 공의 상태와 핀의 위치 그리고 그린 주변의 상황까지 감안해서 클럽을 선택해야 한다. 덮어놓고 어떤 특정 클럽에 구애받을 필요는 없다. 좀더 시야를 넓혀서 백 속에 들어 있는 14개의 클럽 전부를 특성에 따라 사용하면 어프로치샷은 훨씬 쉬워진다.

그린 앞 벙커 바로 뒤에 핀이 있고 거리가 가까울 때 프로 골퍼들이 빼드는 클럽은 샌드웨지다. 샌드웨지는 로프트가 크기 때문에 높이 떠올라간 공이 그린에 떨어지면 별로 굴러가지 않는다. 경우에 따라서는 (적당한 거리가 있을 때) 백스핀까지 걸리는 아주 이상적인 클럽이기 때문이다.

또 그린 앞 1~2m 지점에서는 어떤 클럽보다도 퍼터가 제격일 수도 있다. 이런 때 피칭웨지를 쓰면 낙하 지점을 고수하기도 어렵고 오히려 뒤땅이나 토핑의 염려마저 있다. 그런 뜻에서 퍼터라는 클럽은 가장 안전하고 위험성이 전혀 없는 유일한 클럽임을 알아야 한다.

어이없는 실수는 웃고 넘기는 게 상책

골프에서는 자기 자신의 부질없는 실수 때문에 오히려 화가 치미는 일이 많다. 그 대표적인 예가 짧은 거리의 퍼팅을 실수했을 때이다. 1m도 채 되지 않는 아주 짧은 퍼팅을 놓치는 그야말로 넌센스 같은 일이 가끔 일어난다. 1m의 퍼팅…… 연습 그린에서라면 그야말로 눈을 감고도 넣을 수 있는 백발백중의 거리가 아닌가. 그렇지만 실전에서는 상상조차 할 수 없는 일이 현실로 나타난다.

특히 어떤 타이틀을 놓고 겨루는 경기에서는 꼭 넣지 않으면 안 된다는 강박감 때문에 오히려 실수를 하게 된다. 이런 때 피가 머리끝까지 끓어오른다. 웬 바보 같은 짓이냐…… 이 엉터리 같은 골퍼야! 이렇게 자기 자신을 경멸하고 학대하게 된다. 그러니 다음 홀의 티샷 때도 화가 가라앉지 않는다. 결국 그 티샷도 실수를 하고 만다. 하잘 것 없는 조그마한 실수 하나가 연쇄작용을 일으켜 미스샷을 연발하게 되는 것이 골프의 생리다. 이런 것이 반복되는 한 그날의 골프는 즐거움이 아니라 우울한 하루가 되고 만다.

이런 때 노여움을 풀 줄 아는 지혜와 요령을 알아둘 필요가 있다. 노여움과 웃음은 생리적으로는 서로 다른 정반대의 현상이다. 그래서 노여움을 해소시키는 것은 웃음이 약이다. 분노는 심신을 피곤하게 만들지만 웃음은 몸도 마음도 홀가분하게 풀어준다. '소문만복래'라고 하지 않았던가. 어떤 실수를 하더라도 크게 웃어 넘기자. 이것이 아마추어 골퍼가 걸어가야 할 길이다.

캐디없는 셀프백, 정신집중 잘된다

많은 운동 경기 중에서 유독 골프만을 자율의 경기라고 해서 플레이 방식의 민주성과 우월성을 찬양하기도 한다. 그것은 남의 도움 없이 플레이어 자신의 기량과 판단만으로 게임이 운영되기 때문이며, 심지어 한 마디의 도움말을 해서도 받아서도 안 되는 것이 골프다. 그래서 골프 규칙에는 조언(Advise)의 금지 조항까지 있다.

그러나 20리길, 4시간 이상이나 걸리는 플레이란 어떤 의미에서는 고독한 시간이다. 이런 엄격한(?) 상황 속에서도 플레이에 관한 조언과 상담을 해도 무방한 것이 캐디 한 사람뿐이다. 말하자면 코스도 동반 경기자도 모두 적(?)인데 오직 캐디만이 내 편인 셈이다. 캐디가 골프백이나 날라주고 잃어버린 공이나 찾아주는 짐꾼 아니면 심부름꾼으로 전락해서도 안 되고, 또 그렇게 대우해서도 안 된다. 엄연한 의미에서는 캐디는 플레이어의 반려자요 프로 골퍼에겐 틀림없는 동업자다.

이런 책임과 의무가 있기에 플레이어와 캐디는 공존할 수 있는 것이다. 그러나 언제부터인가 캐디 수난의 소식이 전해 오더니 시류에 편승해서 캐디 상위 시대가 찾아왔다. 역사의 흐름 속에 세상만사가 바뀌는 것은 자연의 섭리지만, 이젠 아예 캐디 무용론마저 대두하기에 이르렀다. 500여년간 골퍼의 소중한 존재로 대우받고 인정해 온 캐디가 어느 새 거추장스런 존재로 둔갑한 것이다.

산업 발달과 함께 캐디라는 직종이 사라지게 되는 것은 어쩔 수 없는 일이지만, 아직은 남아 돌아가는 인력이 있는데 여론은 무용론 쪽으로 기울어 간다. 이런 때 등장하게 되는 것이 셀프백(Self-Back)이다. 자기 골프채를 자기가 직접 메거나 끌고 플레이하는 것을 말한다. 한번 셀프백의 맛을 들이면 지금까지와는 다른 새로운 골프의 맛을 즐길 수 있다.

타구 때마다 클럽 선택이 편하고 남의 눈치를 보지 않으니 정신집중이 용이해서 보다 공격적인 골프를 할 수 있다. 언제나 강조하는 말이지만, 아마추어 골퍼의 플레이는 즐거운 골프를 하는 데 그 목적이 있다. 캐디와 공존하는 골프가 부담이 된다면, 홀로서기 운동(Self-Play)을 통해 참된 골프의 맛을 찾는 것도 정신 위생상 좋은 방법이다. 그러면서도 너무 일찍 향수에 젖는 일은 없어야 할 것이다.

어프로치샷

Pitching & Chipping

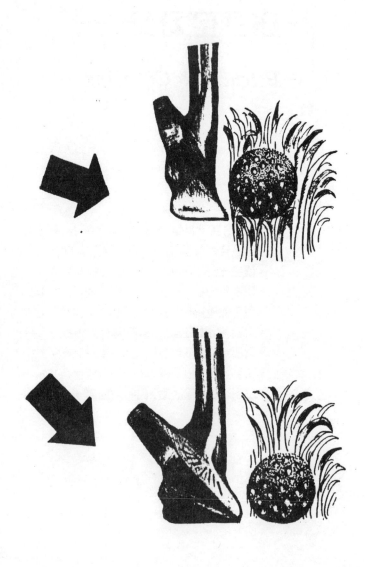

'굿 어프로치샷' 비결은 클럽의 선택

그린 근처에서의 어프로치샷의 상황은 그야말로 하늘의 별만큼이나 많다. 그러나 클럽을 휘두를 수만 있으면 어떤 조건, 어떤 상황에서도 공은 빠져나온다. 어드레스 자세나 공의 위치는 정상 타구 때와 이 7, 8, 9번 아이언, 때로는 피칭웨지나 샌드웨지…… 이렇게 상황에 맞는 클럽 선택이 다를 뿐이다.

이처럼 사용하는 클럽에 따라 공의 탄도를 충분히 머리 속에 그려 넣을 수만 있으면 공은 구상했던 대로 핀 쪽으로 날아가게 된다. 남은 일은 얼마만큼 어떻게 클럽을 응용하는가에 달려 있다. 예를 들면 핀과의 거리는 가까우면서 공이 풀 속에 가라앉아 있으면 사용하는 클럽은 피칭웨지보다는 샌드웨지가 적당할 것이다. 러프 속에 있는 공은 그린에 떨어져도 많이 굴러가기 때문에 이것을 최소한도로 막아 보자는 심사에서다. 이 사실을 알고 있으면 공만 직접 맞혀서 그린 앞에 떨어뜨리는 이유와 방법도 쉽게 알 수 있을 것이다.

벙커 너머 핀을 공략할 때의 상황에서도 처음에는 런을 의식한 나머지 거리가 짧아 벙커 속으로만 공을 쳐넣던 것이, 온그린은 생각하지 않고 벙커만 넘기면 된다는 식으로 생각을 바꾸면 결과적으로는 온그린이 되는 상황으로 바뀌게 된다. 그러면 한발 더 나가서 오픈 페이스(Open Face)의 고등 기술을 익히는 경지에까지 도달하게 된다. 골프에서의 응용 타법이란 어떤 의미에서는 실패를 거듭한 결과라고도 말할 수 있다.

어프로치샷은 짧은 것이 좋다

'보는 것이 믿는 것'(Seeing is Believing.)이라는 말이 있다. 눈으로 봐야 믿을 수 있다는 확인 제일주의의 심리다. 하기야 눈으로 보는 것처럼 확실한 것은 없기 때문이다. 타구 거리는 길수록 좋기는 하지만 이것은 스윙을 배우는 과정에서 스윙이 바로 돼야 거리가 나기 때문에 하는 말이고, 코스 공략에는 필요한 거리만큼 거리가 나야지 길어도 짧아도 미스샷인 것은 마찬가지다.

그렇지만 퍼팅만은 홀컵까지의 거리보다 약간은 길어야 한다는 것(Never up, Never in)은 너무나도 당연한 이치다. 그러면서도 골프에는 짧아서 좋은 것도 있다. 바로 그것이 어프로치다. 누가 뭐라 해도 어프로치샷만은 긴 것보다는 짧은 것이 낫다. 대체로 골프 코스는 티에서 그린까지는 잘 정돈돼 있어도 그린 뒤에는 무엇이 어떻게 돼 있는지조차 알 수 없을 정도로 눈에 보이지 않는 곳이 많다. 아무리 어려운 장애물이라도 눈에 보이면 그곳까지 가는 동안에 이런 저런 작전을 세울 수 있어 마음의 준비를 할 수 있다.

그러나 눈에 보이지 않는 곳에 공이 들어가면 어떤 상황에 놓여 있는지 예상조차 할 수 없어 불안만 쌓일 뿐이다. 그렇기 때문에 어프로치샷이 길어서 그린을 넘어가면 스스로 함정에 빠지는 길을 자초하는 결과가 된다. 코스 공략의 첫번째 요령은 그린 앞쪽에서 공략하는 것이다. 설사 그린 앞에 장애물이 있어도 직접 눈으로 확인할 수 있기 때문에 안심할 수 있다.

짧은 스윙일수록 손목 고정시켜야

타구 방향이 빗나가는 것은 임팩트 순간 클럽 페이스의 방향
이 좌우 어느 한쪽으로 틀어지면서 공을 맞히기 때문이다. 그린
을 목표로 하지 않는 티샷이나 페어웨이샷은 다소 방향이 틀어
져도 스코어에는 크게 영향을 받지 않는다. 그러나 절대적으로
방향의 정확성이 요구되는 어프로치샷만큼은 공을 맞히는 순
간은 물론 스윙 도중에도 클럽 페이스의 방향이 틀어져서는 안
된다.

거리가 짧은 어프로치샷의 스윙은 작다. 스윙 폭이 작으면 클
럽 페이스의 방향이 잘못될 것 같지 않아도 생각과는 달리 의외
로 클럽 페이스의 방향은 바뀌기 쉽다. 그래서 골프(스윙)가 어
려운 것이다. 이렇게 클럽 페이스의 방향이 바뀌는 데는 여러
가지 원인이 있다. 팔꿈치를 잘못 써도, 손목을 잘못 써도 클럽
페이스의 방향은 쉽게 바뀐다. 그렇기 때문에 클럽 페이스의 방
향을 정확하게 유지하려면 손목과 팔꿈치만 바로 쓰면 간단히
해결되는 문제다. 아니 스윙 때 손목과 팔꿈치만 바로 움직이면
클럽 페이스의 방향이 바뀌는 것 자체가 이상한 일이다.

일반적으로 숏어프로치샷은 굴려치는 경우를 제외하곤 로프
트가 많은 숏아이언을 쓰게 되지만, 이것으로는 페이스 방향이
바뀌는지 아닌지를 분간하기가 어렵다. 숏게임 때 손목이 꺾이
지 않아야 되는데 이것을 확인하기 위해서는 로프트가 가장 작
은 드라이버나 롱아이언으로 시험해 보는 것이 좋다. 허리 높이
까지 백스윙을 했을 때 클럽 페이스의 방향이 목표선과 평행이
돼 있으면 스윙 자체가 정확하다는 증거다.

어프로치샷 때 손목을 쓰지 말아야

핀까지의 거리가 얼마 남지 않은 짧은 거리의 어프로치샷은 손목을 쓰면 방향이 틀어지게 된다. 손바닥 위에 공을 얹어서 던지듯 클럽 페이스 위에 공을 실어나르는 요령이 어프로치샷의 요령이다.

물론 이 감각을 익히기 위해서는 공을 맞히는 순간 오른쪽 손목을 엎지 말아야 한다. 그날의 컨디션에 따라 거리가 길어지고 짧아지는 애교스런(?) 미스샷은 있을 수 있어도, 방향이 바뀌는 결정적인 미스샷은 비록 아마추어 골퍼라 하더라도 결코 용납되지 않는다.

오른쪽 손목을 엎으면서 공을 맞히면 왼쪽 아니면 오른쪽으로 튕기는 생크가 되고 만다. 이런 고질병에 시달리는 사람은 아예 오른손 팔꿈치를 몸에 붙이고 어프로치샷을 하면 손목을 꺾지 않으면서 오른손을 바로 쓰는 방법을 알게 된다. 그것은 오른손 팔꿈치가 몸에서 떨어지지 않으면 손목은 엎어지지 않기 때문이다. 이 타법을 스윙 궤도면에서 살펴보면 클럽 헤드가 목표선 안쪽에서 내려오다 공을 맞히게 된다.

그런데 목표선 바깥쪽에서 안쪽으로 내려오면서 공을 맞히면 모처럼 팔꿈치를 붙이고 치는 효과도 없어지고 만다. 이렇게 해서 타구 방향을 바로 잡으면 거리 감각도 쉽게 찾을 수 있을 것이다.

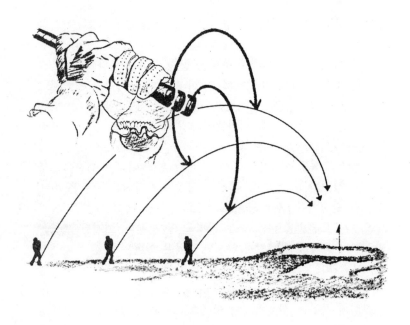

탄도의 높낮이 클럽 로프트가 결정

어프로치샷의 상황도 천차만별 헤아릴 수 없을 만큼 많다. 공이 놓여 있는 상태(Lie)는 물론 그린까지의 거리, 핀의 위치, 더욱이 그린의 경사…… 등 얼마나 조건이 다른 공략 방법이 많은지 예측할 수 없을 정도다. 그러나 타구 결과가 피치 앤드 런(Pitch and Run)이라고 생각하면 클럽 선택 문제만 남게 된다.

이때도 스탠스나 어드레스는 스퀘어의 원리가 기본이기 때문에 일단 방향만은 보장받은 셈이다. 남는 것은 어프로치샷의 거리가 길거나 짧은 거리의 오차뿐이다. 이 거리감도 종국에는 임팩트의 강약이나 스윙의 크기로 가감할 수 있지만, 무엇보다도 클럽이 그 일(거리 조절)을 해결해 준다는 확신을 가져야 한다. 탄도의 높낮이도 선택한 클럽의 로프트가 결정해 준다. 공이 뜨고 굴러가는 것은 공의 위치도 중요하지만 정상적인 타구의 경우 클럽의 로프트가 결정적인 역할을 한다.

그런 의미에서도 어드레스 때 클럽을 젖히는 것(Open Face)은 금물이다. 만일 클럽 페이스를 젖히면 타구마다 그 결과가 달라지게 된다. 그러다 보면 타구 때마다 의기소침해져서 자신을 잃고 불안만 싸여 소신껏 공을 칠 수 없다. 띄워 친 공이 땅볼이 되거나 굴려친 공이 높이 뜨면 그야말로 공 치기가 두려워 스윙 감각을 잃게 된다. 꼭 핀에 달라붙지는 않아도 목표한 대로 공이 가주면 그것이 바로 나이스샷이다.

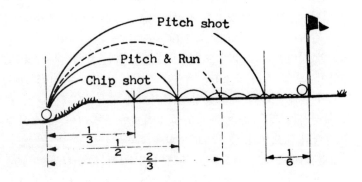

거리-방향 조절엔 굴려치기

거리도 방향도 비교적 맞추기 쉬운 것은 굴려치기가 최고다. 홀컵까지 가는 사이 장애물에 걸리지 않으면 역시 굴려치는 타법만큼 좋은 것은 없다. 이에 적합한 타법이 피치 앤드 런(Pitch and Run), 흔히 말하는 러닝 어프로치(Running Approach)다.

이 타법은 보통 목표 지점까지의 거리 중에서 3분의 1은 띄우고 나머지 3분의 2는 굴러가는 어프로치샷의 일종이다. 반드시 3분의 1이나 3분의 2라는 비율에 구애받을 필요는 없지만 자기 자신의 거리 감각이나 타법, 이에 따른 구질, 때로는 자기만의 독특한 버릇까지도 미리 알아둬야 할 필요는 있다. 러닝 어프로치가 가능한 조건은 그린 주변이 비교적 평탄하고 공과 그린 사이에 장애물이 없어야 한다. 더욱이 공과 그린까지의 거리는 짧을수록 좋다. 굴려치기에는 로프트가 작은 클럽을 쓰는 것처럼 좋은 것은 없다.

흔히 7번이나 8번 아이언이 굴려치기의 기본 클럽처럼 생각하는 사람이 많은데, 골프채 14개 중에서 자기가 좋아하고 자신 있게 다룰 수 있는 클럽 한 개쯤은 있어야 한다. 그렇지 않으면 좋은 스코어를 기대할 수는 없다. 덮어 놓고 7번 아이언을 꺼내 잡는 의무(?)는 없어도 된다는 말이다. 공을 굴려칠 때 때로는 우드 클럽을 쓰는 사람도 있기는 하지만 이것은 예외로 치더라도, 3번에서 9번 아이언까지 어느 것을 써도 탈은 없다. 다만 공에서 그린까지, 그린 에지까지, 핀까지의 거리에 따라 클럽 선택을 할 줄 알아야 굴려치기의 명수가 될 수 있다.

거리 조절은 힘보다 스윙의 크기로

어프로치샷은 그린이 가깝고 때로는 핀까지의 거리도 확인할 수 있어 쉬운 것 같으면서도 거리 조절이라는 컨트롤샷을 해야 하기 때문에 정확해야 한다는 어려움이 따른다. 초보자나 기초가 부족한 사람이 그린 근처에서 뭉개는 것도 거리 조절이 잘못 되는 경우가 가장 많다. 9번 아이언의 거리가 100m라면 70m, 50m의 컨트롤샷은 스윙의 크기도 스탠스의 폭도 점점 작아지고 좁아지면서 그립도 짧게 잡는 것이 자연스러운 자세다.

거리 조절은 힘의 강약으로 할 수도 있지만, 가장 쉽고 안전한 방법은 역시 스윙의 크기로 하는 것이 이상적이다. 그렇지만 어프로치샷의 거리 조절은 자기 실력에 맞는 방법을 택하는 것이 효과적이다. 어프로치샷에서 가장 기회가 많이 오는 것은 굴려치기(Running Approach)다. 굴려치기는 비교적 로프트가 많고 길이가 짧은 클럽을 쓰는 것이 초보자에게는 맞는 방법이다. 그것은 특별히 거리 조절이라는 어려움을 겪을 필요도 없고, 적당히 공만 맞히면 그런 대로 목표 근처까지는 가기 때문이다.

프로 골퍼의 전유물처럼 생각되는 4~5번 아이언으로 굴려치면 많이 굴러가기 때문에 거리 조절이 어려워진다. 그렇지만 그린 근처에서 3~4번 아이언을 퍼터 대신으로 사용하면 퍼터만큼의 효과를 얻을 수도 있다. 공을 띄우고 굴리는 요령은 사용하는 클럽에도 달려 있지만 공의 위치에도 많은 영향을 받는다는 것을 잊어서는 안 된다.

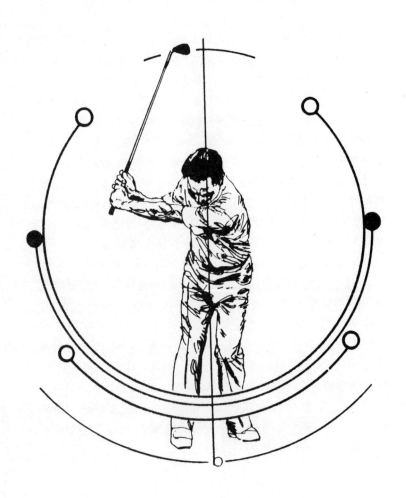

모든 클럽 타구는 같은 스윙으로

일반적으로 아마추어 골퍼가 어프로치샷을 어렵게 생각하는 것은 풀샷(Full-Shot) 때처럼 마음 놓고 때리지 못하고 거리감과 방향을 동시에 생각(걱정)하면서 자신 없이 스윙하는 데 원인이 있는 것 같다.

어느 정도 스윙이 안정되면 다음은 거리감을 몸에 익히는 방법만 남게 된다. 백스윙은 풀샷 때처럼 크게 하면서도 다운스윙이 시작되면 갑자기 힘을 빼고 공을 맞히고 나서는 폴로스루를 조금밖에 하지 않는 사람이 있다. 힘의 강약으로 거리를 조절한다는 나름대로의 방법인지도 모른다. 이런 방법으로는 공을 칠 때마다 리듬이 바뀌어서 일정한 거리감을 찾아내기는 힘들다. 거리감은 백스윙의 크기로 결정해야지 힘에 의존해서는 안 된다.

이를 위해서는 먼저 특정 클럽(일반적으로 피칭웨지)의 스윙의 크기에 따른 자기 거리의 기준을 만들어 놓고 이것을 중심으로 거리가 멀면 스윙도 크게, 짧으면 스윙을 작게 해서 거리를 조절하면 큰 부담 없이 거리 문제는 해결된다. 즉 거리 조절은 임팩트의 강약보다는 오히려 스윙의 크기로 결정하는 것이 가장 쉽고 정확한 방법이다. 물론 모든 클럽, 모든 타구가 같은 스윙을 하는 것이 골프를 간단하고 쉽게 하는 비결이다.

다만 어프로치샷은 롱샷(Long Shot)과 달라서 타구 거리가 필요한 것은 아니다. 그렇기 때문에 드라이버샷처럼 몸 전체를 쓸 필요까지는 없다.

그린 근처 굴려치기 땐 퍼터를 써라

그린 주위에서 가장 안전하고 쉬운 타구 방법은 굴려치는 러
닝어프로치(Running Approach)다. 그러나 상황에 따라서는 이
보다 더 쉬우면서도 미스샷이 없는 타법이 있다. 그것은 퍼터로
굴려치는 것이다. 그렇다고 어디서나 퍼터를 쓸 수 있는 것은
아니고, 공과 그린 사이의 지형과 잔디 상태 그리고 공이 놓여
있는 상태(Lie)에 따라 크게 좌우된다.

즉 공이 있는 지점의 잔디결이 그린 쪽이 아니라 반대로 누워
있는 상황에서 퍼터로 굴려치면 풀의 저항 때문에 정확한 거리
감을 잡기 어렵다. 또 아무리 공이 놓여 있는 상태(라이)가 좋
아도 그린까지의 잔디가 길면 샌드웨지나 피칭웨지처럼 로프트
가 큰 클럽으로 공을 띄워 풀의 저항을 덜 받는 타법이 적절한
방법이다.

한편 앞턱이 낮은 벙커에서도 어려운 익스플로전샷(Explosion
Shot)을 시도하기보다는 퍼터로 굴려치면 웬만한 벙커턱쯤 무
난히 넘어갈 수 있다. 퍼터는 그린 위에서 퍼팅할 때만 써야 한
다는 고정 관념을 버리고 어느 지점, 어느 상황에서도 그린 근
처에서라면 먼저 퍼터의 사용 여부를 생각하는 것이 좋다. 거리
와 방향을 동시에 해결할 수 있는 방법은 굴려치기가 제일이고,
이를 위해서는 퍼터처럼 좋은 클럽도 타법도 없는 것이다.

퍼팅의 명수되는 것이 프로선수의 길

아마추어 골퍼의 소원이 빨랫줄 같은 드라이버샷이라면 프로 골퍼의 욕망은 돈벌이의 열쇠를 쥐고 있는 퍼팅의 명수가 되는 것이다. 골프에는 골프 역사만큼이나 많은 진기록들이 있다. 그 중에서도 퍼팅의 진기록들을 살펴보면 우리의 퍼팅 실력도 나무랄 것만은 아니다.

▲ 1968년 프랑스 오픈. 영국의 프로 골퍼 브라이언 번스는 2일째 8번홀(파3)에서 티샷을 잘못 쳤다. 그러나 2타째의 어프로치샷은 홀컵 1m에 붙인 나이스샷. 10중 8~9 파가 가능한 상황이다. 그런데 첫번째 퍼팅 때 문제가 생겼다. 잘못 친 것을 느낀 그는 얼떨결에 굴러가는 공을 손으로 집어 올렸다. 제자리에 옮겨 놓고 때렸지만 계속 퍼팅이 엉망진창이다.

이미 인사불성(?)이 된 그의 퍼팅은 홀컵 주위를 오가면서 가까스로 공을 홀컵 속으로 집어넣었고 그때의 퍼팅수는 자그만치 13타. 불과 1m의 퍼팅을 13번만에야 넣을 수 있었으니 스코어는 15라. 이 기록(?)은 지금도 깨지지 않고 남아 있다.

▲ 1984년 아프리카 케냐 오픈의 최종일. 토미 호튼은 퍼팅이 되지 않아 몹시 기분이 상해 있었다. 참고 참다가 드디어 억눌렸던 감정은 폭발하고 말았다. 퍼터를 바위 위에 내던졌다(이런 일은 우리 나라에서도 가끔 본다).

퍼터가 온전할 리가 없다. 퍼터 헤드가 건들건들거린다. 이런 퍼터로 퍼팅을 하니 제대로 들어갈 수가 없다. 마지막 홀에서 첫번째 퍼팅을 놓치고 나선 아예 샤프트를 내동댕이치고 말았다. 퍼터 헤드만으로 남은 퍼팅을 마쳤다. 결과는 경기 실격이라는 판정이 내려졌다.

벙커 샷
Sand Play

앞턱 높이부터 확인 뒤 클럽 선택을

일반적으로 벙커샷의 타법은 보통 타구 때와는 다른 특별한 타법이 있을 거라는 막연한 불안감 때문에 벙커샷을 잘못하는 사람이 많다. 경우에 따라서는 어드레스 자세가 약간 다를 수는 있어도 근본적으로 스윙 자체는 일반 타구와 똑같은 것이다. 어디까지나 스퀘어 스윙이 기본이다. 스퀘어 스윙(Square Swing)이 되기만 하면 어려운 상황에 놓이더라도 조금도 당황하거나 서두를 필요는 없다. 그것이 페어웨이 중간에 있는 크로스 벙커이건 그린 근처의 사이드 벙커이건 다를 바 없다.

크로스 벙커에서는 그린까지의 거리만으로 클럽 선택을 해서는 안 된다. 먼저 공이 놓여 있는 상태(Lie)를 살피고, 더욱이 앞턱(목표 쪽)의 높이를 확인하는 것이 선결 문제다. 아무리 라이가 좋아도 벙커턱이 높으면 그린까지의 거리에 맞는 클럽을 쓸 수 없을 때가 많다.

이런 경우 거리에 대한 욕심을 버리고 우선 확실하게 앞턱을 넘길 수 있는 로프트가 큰 클럽을 선택해야 한다. 벙커턱의 높이가 마음에 걸리는데도 무리하게 거리를 의식해서 로프트가 적은 클럽으로 공을 띄워 치면 반드시 미스샷이 되고 만다. 앞턱을 넘기려고 체중이 오른발에 남아 뒤땅을 치게 되기 때문이다. 라이도 좋고 턱도 낮으면 보통 타구(페어웨이샷) 때보다 1클럽 긴 것을 잡는 것이 아마추어 골퍼에게는 무난한 방법이다. 긴 클럽으로 여유 있는 스윙을 하면 오히려 타이밍을 맞추기가 좋기 때문이다.

벙커샷 거리 조절은 백스윙으로

벙커샷의 거리는 여러 가지 방법으로 조절할 수 있지만, 역시 백스윙의 크기로 조절하는 것이 가장 무난하다. 그러나 백스윙의 크기라고 해서 백스윙만 생각할 것이 아니라 폴로스루가 수반되는 백스윙이 돼야 함은 물론이다. 거리에 맞춰 피니시의 높이를 정해 놓으면 백스윙은 저절로 정해지기 때문이다.

앞턱이 높은 벙커샷은 그 턱 높이만큼 클럽을 던져 주면(피니시) 공은 반드시 빠져 나간다고 했지만 당연히 백스윙도 커져야 한다. 비에 젖은 벙커샷은 폴로스루가 없는 임팩트가 바로 피니시가 돼야 한다고도 했다. 이것만이 백스윙의 크기만으로 거리 조절이 가능한 경우다.

벙커는 각양각색의 특색과 하나만으로는 풀 수 없는 이질적인 요소를 지니고 있어서 더 한층 묘미가 있다. 드라이버샷을 익히기 위해서는 (결코 이루지도 못하면서) 날마다 연습장에서 구슬땀을 흘리면서도, 벙커샷은 1라운드에 많아야 5~6번 (아주 운이 나쁘면) 들어가는 실전에서의 타구가 연습의 전부다.

제대로 연습 한번 안 해보고 어렵다고만 하니…… 놀부의 심보다. 하루쯤 모래밭에서 살아보는 화려한(?) 경력의 소유자가 될 수는 없을까……. 스윙의 크기가 같아도 모래를 파내는 분량에 따라 구질이 달라진다. 뿐만 아니라 스탠스 하나만 약간 달리 해도 구질은 여러 가지로 달라지고 모래의 성질에서도 큰 영향을 받는다. 그리고 보니 '백문이불여일견'이라고, 이런저런 타법을 실제로 몸으로 느끼고 눈으로 확인하는 것(연습)보다 더 좋은 것이 또 어디 있단 말인가…….

벙커샷도 어프로치샷과 같은 타법으로

그린 주위에 있는 벙커는 모두가 방어용 벙커(Guard Bunker)
다. 쉽게 그린을 공략할 수 없도록 배치해 놓은 전략적 장애물
이다. 벙커샷이라고 해서 일반 타구와 다른 것은 없지만, 그린
근처의 벙커샷만은 원칙적으로 공을 직접 맞히지 않는다는 것이
다를 뿐이다. 어드레스 자세도 스윙도 기본적으로는 다른 어프
로치샷과 같으면서 공을 맞히기 전에 먼저 모래를 치게 되는 것
이 이런 상황에서의 벙커샷이다.

그런데 일반적으로 벙커샷은 특별한 타법이 아니면 공이 빠져
나오지 않는다고 생각하는 사람이 많다. 그렇기 때문에 벙커샷
을 싫어하는 사람은 어프로치샷과는 별난 타법을 시도하기 때문
에 스스로 벙커샷을 어렵게 만든다. 벙커샷의 세계적인 명수라
면 개리 플레이어(남아공)를 꼽는다. 그의 벙커샷을 보고 알 수
있는 것은 벙커샷이라고 해서 어프로치샷과 다른 것은 아무것도
없다는 것이다.

벙커샷을 쉽게 하는 방법은 우선 생각부터 고쳐야 한다. 즉
벙커에서는 클럽 페이스를 젖히지 않으면(Open Face) 공이 빠
져나오지 않는다고 생각하기 쉽지만 그런 걱정은 할 필요가 없
다. 결론부터 말하면 벙커샷의 기본은 역시 스퀘어 페이스(Square
Face)다.

유난히 로프트가 큰 샌드웨지를 정상대로만 사용하면 웬만한
벙커에서는 탈출이 가능하다. 공을 띄워야겠다는 불필요한 유혹
도 클럽의 기능(로프트)만 믿으면 쉽게 뿌리칠 수 있다.

스윙 타법으로 '모래밭' 탈출

벙커샷의 모든 것도 다른 타구처럼 스퀘어(Square)가 기본이
다. 두 어깨를 연결하는 선도 목표선과 평행이 돼야 한다.

이것은 드라이버에서 퍼터까지 똑같은 원리를 지키는 것이 아
마추어 골퍼에게는 가장 쉽고 정확한 타법이기 때문이다. 벙커
샷이라고 유별나게 힘을 넣을 필요는 없다. 더욱이 벙커샷이 뒤
땅치기의 일종이라고 해서 모래만 쳐서는 안 된다. 아무리 그렇
다 하더라도 역시 필요한 것은 채를 휘둘러 주는 스윙이 선행돼
야 한다는 사실이다. 무턱대고 모래를 때릴 것이 아니라 가볍고
자연스럽게 클럽을 휘둘러 주면 결과적으로 모래가 잘려 나가게
된다. 바로 이 모래를 자른다는 느낌이 벙커샷의 기본이다.

그렇지만 아무래도 웬만큼 힘을 넣지 않으면 모래의 저항 때
문에 공이 빠져나오지 않을 거라고 걱정하는 사람이 있을 것이
다. 그러나 그런 걱정은 하지 않아도 된다. 오히려 힘을 넣으면
모래의 저항이 강해져서 모래 속으로 들어간 클럽 헤드가 빠져
나오지 못하고 만다. 페어웨이에서의 어프로치샷과 같은 느낌으
로 휘두르면 충분하다. 다만 거리 조절을 위해 3할 정도 길게 보
면 벙커샷의 거리도 어렵지 않게 맞출 수 있다.

몇번이고 되풀이하는 말이지만, 벙커샷도 공을 치거나 모래를
때리는 것이 아니라 클럽을 휘둘러 주는 스윙 위주의 타법이라
야 한다. 그래야 모래가 잘려 나가면서 공이 빠져나오게 되기
때문이다.

벙커샷도 왼쪽 무릎부터 움직여라

골프가 스윙이 전부라 해도 타구마다 써야 할 근육이 있고 그 근육들은 상호 협조와 조화 속에 움직여야 할 순서가 있다. 이런 점에서 스윙을 분석해 보면 다운스윙은 역시 왼쪽 무릎부터 움직여야 한다고 말할 수 있다. 백스윙의 1차적인 목적이 어깨의 회전에 있다면, 다운스윙에서는 왼쪽 무릎이 어깨를 풀어주는 원동력이 되기 때문이다. 어것은 어느 상황에서나 필수적으로 수반되는 요구 사항이다. 왼쪽 무릎부터 움직이기 시작하면 허리도 따라 돌면서 클럽을 잡은 두 팔도 따라 내려오게 된다.

이 원리는 벙커샷에서도 그대로 적용된다. 이때 허리와 어깨를 의식적으로 돌릴 필요는 없다. 왼쪽 모릎의 리드로 왼쪽 팔이 따라 내려오게 클럽을 던져주면 그 결과 몸은 저절로 돌아간다는 이론이다. 이 느낌이나 요령은 비단 어느 특정 타구에만 해당되는 것은 아니다. 드라이버샷에서 숏어프로치샷까지……심지어 벙커샷에서도 이 원리는 적용된다. 한 가지 분명한 것은 벙커샷만큼은 공을 맞히고 나서 손목을 돌리는 일(Turn-over)은 절대로 해서는 안 된다는 사실이다.

백스윙 때는 물론 다운스윙 때까지도 손목을 꺾는 일은 안 하는 것이 좋다. 심지어 폴로스루 때 왼쪽 손목이 꺾이면 손목을 비틀어서 공을 치고 있다는 증거다. 벙커샷도 결국은 공을 치는 것이 아니라 클럽을 휘둘러 주는 스윙이 우선해야 한다는 것을 잊어서는 안 된다.

크로스 벙커는 코스 공략의 최적지

벙커라면 흔히 그린 근처의 가드 벙커를 연상하게 되지만, 수준급 골퍼의 티샷이 떨어지는 페어웨이 좌우에 파놓은 크로스 벙커가 있다. 이것도 간단하게 처리할 수 없는 트러블샷의 하나다. 잘 맞은 티샷이 크로스 벙커에 걸리면 마치 코스 설계자의 술수에 말려든 것 같아서 기분이 상하지만, 이런 때일수록 제대로 맞으면 다행이라고 가볍게 생각하는 마음의 여유가 있어야 한다.

크로스 벙커는 코스마다 특징이 있어서 뭐라고 한 마디로 단정할 수는 없어도, 영국이 자랑하는 항아리 벙커(Pot Bunker)가 있는가 하면 턱이 전혀 없는 밋밋한 벙커도 있다. "핀치 다음에 찬스가 있다"는 말처럼 크로스 벙커란 바로 그런 것이다. 만일 그곳에 벙커가 없다면 코스 공략의 최적지가 되는 그런 지점이다. 코스 설계자의 마음 속을 들여다보면 바로 벙커 옆에 찬스가 있는 것을 알 수 있다. 이쯤 되면 드라이버샷의 이상적인 목표 지점이 크로스 벙커 근처라는 것도 이해할 수 있을 것이다. 물론 벙커에 넣어서 좋을 리는 없지만, 벙커 바로 옆이 다음 타구를 위한 최적지가 되는 셈이다. 그러나 벙커에 들어가면 라이(Lie)는 나빠도 역시 좋은 지점임엔 틀림이 없다.

이런 때에도 침착하게 대처하면 의외로 좋은 결과로 이어질 수도 있다. 이런 때의 타구도 팔에 의존하는 타법이 바람직하다. 스탠스를 튼튼히 하고 무릎을 쓰지 않는 스윙, 그러면서도 허리까지도 써서는 안 되는 스윙, 스윙 궤도가 흔들릴 만한 요소는 모두 없애 버리는 타법을 택해야 한다. 이것이 크로스 벙커에서의 탈출 요령이다.

스퀘어 스윙 지키면 벙커샷도 거뜬

스윙의 기본은 직각(Square)의 원리에서 출발한다고 했다. 그 립도 어드레스도 이 원리에서 이뤄져야 공은 바로 가고 멀리 가 게 된다. 숏게임이라고 이 원리에서 크게 벗어나지 않는다. 공이 뜨고(Pitch) 굴러가는 것(Chip)은 클럽 페이스의 로프트가 대 신하는 것이지 플레이어가 인위적으로 조작하거나 또 그럴 필요 도 없다.

한편 숏어프로치샷이라고 해서 특별한 타법이 따로 있는 것도 아니다. 이것은 벙커샷에까지도 적용되는 기본 타법이기도 하다. 그립, 스탠스, 스윙, 이 모든 것을 스퀘어로……. 다시 한번 강조 하면 스퀘어 스윙만 몸에 익히면 어떤 상황에서도 충분히 활용 할 수 있는 기본 실력을 갖출 수가 있는 것이다. 골프를 시작하 고 나면 좋고 싫은 상황이 분명해지는 시기가 있다. 비 바람이 싫기도 하고 생크(Shank)나 벙커 공포증에 걸리는 사람도 많다. 이들의 스윙을 살펴보면 비교적 복잡한 방법으로 공을 치고 있 음을 알 수 있다.

스윙이나 타법은 단순하고 간결할수록 좋지만, 이들은 마치 의도적으로 재주를 부리는 것 같은 유별난 방법으로 공을 치고 있음을 알 수 있다. 그러나 벙커샷이라고 해서 결코 특별한 타 구는 아니다. 벙커샷을 어려운 것이라고 생각하기 때문에 오히 려 벙커샷이 싫어지는 근본적인 원인이 된다. 그렇게도 어렵다 는 벙커샷도 어프로치샷처럼 스퀘어의 원리를 지키면 반드시 벙 커에서 빠져나오게 되는 것이다.

샌드웨지 로프트 살려 '벙커샷'

흔히 벙커샷은 클럽 페이스를 눕혀서 쳐야 한다고 생각하는 사람이 많은 것 같다. 클럽 페이스를 눕히기 위해서는 스탠스도 오픈 스탠스를 취하지 않으면 안 된다. 골프 도구(클럽과 공)가 덜 개발된 옛날에는 그런 식으로 벙커샷을 하지 않으면 벙커에서 공을 꺼내기가 무척 힘들었던 시절도 있었다.

그러나 지금처럼 클럽도 공도, 더욱이 골프 기량이 극도로 발달된 상태에선 그런 번잡스런 방법을 택할 필요는 없는 것이다. 다만 샌드웨지의 로프트를 살려서 평소의 스윙을 그대로 재연하면 그것으로 만점이다.

벙커샷은 다른 타구와 달리 스윙 궤도가 목표선 밖에서 안으로 들어오는 아웃사이드인(Outside-to-In)이 돼야 한다고 주장하는 사람도 있다. 자세히 살펴보면 이런 타법을 쓰고 있는 사람이 비교적 많은 것도 사실이다. 아웃사이드인…… 백스윙 때 클럽 헤드를 목표선 밖으로 들어올렸다 다운스윙에서는 그대로 목표선 안쪽으로 끌어내리는 스윙을 말한다. 소위 끊어치는 타법이다.

한편 벙커샷은 백스윙 때 손목을 평소보다 빨리 꺾어야 한다고 주장하는 사람도 있다. 코킹(Cocking)을 빨리 해서 다른 어프로치샷 때보다 위에서 아래로 끌어내려야 끊어칠 수 있기 때문이다. 이것도 결코 잘못된 방법은 아니지만 그렇다고 평범한 타법은 아니다. 특수한 타법에는 특별한 효과가 있는 반면, 자칫 잘못하면 엄청난 불운(미스샷)이 따른다는 것을 생각하면 애써 어려운 타법을 추구할 필요는 없을 것이다.

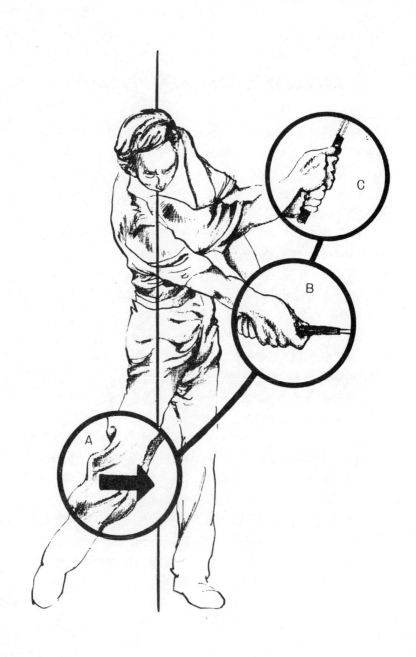

깊은 벙커에선 폴로스루 크게 하라

골프 코스에는 여기저기 파 놓은 벙커라는 모래 구덩이가 18홀 기준으로 100여 개 이상 산재해 있다. 벙커라고 한 마디로 말은 해도 종류는 다양하다. 깊고 얕은 것이 있는가 하면 작고 큰 것도 있다. 단순히 크기와 모양만 따져도 각양각색이다. 특히 스코틀랜드의 벙커는 세계적으로 유명하다. 흔히 항아리 벙커(Pot Bunker)라고 일컬어지는 이 벙커는 정상을 달리는 프로 골퍼들의 기량을 비웃는 듯 그들을 예선 탈락이라는 비운으로 몰아넣는다.

일반적으로 아마추어 골퍼는 깊고 앞턱이 높으면 처리하기가 어렵고 얕으면 쉽다고 생각하지만, 프로 골퍼는 사정이 다르다. 그들은 오히려 얕은 벙커에서 핀이 앞쪽(벙커 쪽)에 있으면 아주 질색이다. 깊은 벙커에서 높은 그린을 겨냥하는 것이 마음 놓고 칠 수 있어 쉽게 느껴진다는 것이다.

반대로 앞턱이 높으면 아마추어 골퍼는 공을 높이 띄워야겠다는 욕심 때문에 평소와 다른 동작을 하게 되어 군힘이 들어가게 된다. 턱이 높은 벙커는 폴로스루 때 클럽 헤드의 높이를 기준으로 생각하면 어느 정도 이해가 빠를 것이다.

한편 앞턱이 낮으면 탄도가 낮아도 되기 때문에 구태여 폴로스루를 크게 할 필요는 없다. 그러나 턱이 높은 벙커에선 클럽 헤드가 높이 올라가도록 폴로스루를 크게 해야 한다. 폴로스루의 높낮이로 탄도의 높이와 거리를 조절하고 이에 따른 힘까지도 가감한다는 것은 제법 합리적인 교훈이다.

젖은 모래의 벙커샷은 피니시 생략

일반 아마추어 골퍼의 스윙은 피니시가 없는 데서부터 잘못되기 시작한다고 했다. 피니시가 없으니 임팩트 때 클럽 헤드의 스피드가 가속될 수 없고, 그러니 장타가 날리만무하다. 거리뿐만 아니라 방향도 일정치 않다. 그렇지만 피니시가 없어야 결과가 좋은 타구도 있다. 그것이 바로 젖어 있는 모래의 벙커샷이다.

물 먹은 벙커에서의 타구는 임팩트가 전부다. 공을 맞히기 위해 클럽 헤드를 박아넣는 그 자리가 피니시라고 생각하면 틀림이 없다. 절대로 폴로스루 같은 것을 해서는 안 된다. 모래가 물에 젖어 있으면 콘크리트 바닥처럼 표면이 딱딱해진다. 이런 때 폴로스루를 하게 되면 공은 쏜살처럼 달아나 홈런이 되고 만다.

일반적인 벙커샷은 뒤땅치기의 요령이 타법의 기본이지만, 밑이 딱딱하면 클럽을 팅겨내는 반발력이 커져서 뒤땅을 쳐서는 소기의 목적을 기대할 수 없다.

마치 시멘트 바닥이나 나무판 위에서 친 것처럼 클럽 헤드가 팅겨 나간다. 그린 주변의 벙커에서처럼 거리감 같은 미묘한 감각이 요구되는 타구는 어프로치샷의 일종이어서 될 수 있는 대로 스윙이 작은 것이 바람직하다. 그런 점에서 비에 젖은 벙커샷은 반발력을 살려서 공을 맞히면 바로 그 자리에 클럽 헤드를 멈춘다고 생각하면 된다. 그렇기 때문에 거리에 맞게 백스윙을 해서 공만 맞히면 되지 다른 생각은 할 필요가 없다. 이것이 물에 젖어 딱딱해진 벙커에서 홈런 타구를 예방하는 길이다.

결과에 대한 원인 분석은 꼭 필요

어느 것도 예외일 수는 없지만, 고도의 기술이나 요령을 터득하기 위해서는 결과에 대한 원인을 분석 연구하는 노력이 있어야 한다. 그것이 기술이든 요령이든 끝까지 그 원리를 추구하는 집념이 있어야 한다는 말이다. 그때그때의 컨디션에 따라 달라지는 감각을 근거 삼아 골프를 생각해서는 안 된다. 좀더 큰 길을 걸어가는 대범한 골프를 해야 한다는 간절한 소망이 있어야겠다.

벙커에서 친 공이 클럽 페이스를 떠나는 순간 어떤 상태로 날아가는가를 알아보는 것도 벙커샷의 요령을 배우는 데 큰 도움이 될 것이다. 숏어프로치샷이 클럽 페이스 위에 공을 실어 나른다면, 벙커샷은 아주 얇게 떠낸 한쪽의 모래 덩어리 위에 공을 실어 나르는 것과 같은 것이다. 이 원리를 알아야 소위 익스플로전샷도 쉽게 이해하고 배울 수 있다.

벙커샷은 폴로스루가 열쇠다. 아무리 폴로스루를 해야 한다고 강요해도 쉽게 폴로스루가 되지 않는 것이 벙커샷의 어려움이다. 벙커샷은 모래 속으로 들어간 클럽 헤드가 빠져 나오면서 모래 덩어리 위에 공을 올려 놓은 채 날라준다는 감각과 요령이 있어야 한다. 이런 느낌으로 공을 때리면 충분히 폴로스루가 가능해진다. 모래를 얇게 떠내는 것은 목표까지의 거리감을 정확하게 파악하기 위해서다. 클럽 헤드를 모래 속 깊이 박아 넣는 사람치고 벙커샷의 명수가 없는 것을 보면, 역시 벙커샷이란 폴로스루를 동반한 가벼운 타구(모래를 얇게 떠내는)가 결정적인 역할을 하게 된다.

플레이때 전술까지 세울 수 있어야

골프 코스는 모양이 서로 다른 18개의 홀로 구성돼 있다. 오르내리막이 심한 홀이 있는가 하면 깊은 숲속에 둘러싸인 홀도 있다. 연못이 있고 낭떠러지도 있다. 이도 저도 아니면 모래 구덩이(Bunker)라도 많이 파놓아 그린 접근을 어렵게 만든다. 그러면서도 어느 홀도 같은 홀은 없다. 이렇듯 다양한 자연의 조화를 변화무쌍하게 연출하는 것이 명문 코스의 조건이다.. 만일 비슷한 모습의 홀이 있으면 그만큼 골프의 오묘한 맛과 즐거움은 반감되고 만다. 또 아무리 직구만을 추구하는 타구 기술이라 해도 공을 똑바로 치기만 하면 무조건 스코어가 좋아진다면, 그 코스는 3류 코스지 명문 코스는 될 수 없다.

거리는 짧아도 탄도가 높은 구질이 요구되기도 하고, 때로는 공 끝이 좌우로 살짝 휘는 드로블(Draw-Ball)이나 페이드볼(Fade-Ball)만이 최후의 승자로 살아남는 그런 코스, 여기에 전략적인 흥미가 곁들여지면 코스에 도전하는 의욕과 함께 플레이 의욕도 솟아오른다.

세계 4대 골프 토너먼트 중에 마스터스(The Masters)가 있다. US오픈, 브리티시 오픈, 그리고 USPGA 선수권대회는 해마다 경기 장소가 바뀌지만, 매년 4월에 열리는 '마스터스'만은 오거스타 내셔널 GC에서만 열린다. 아니 이 대회를 위해 만들어진 코스다. 여기에는 어느 홀이나 비슷한 홀은 없으며 코스가 플레이어를 압도하는 난공불락의 그런 코스다.

아무리 아마추어 골퍼라도 공을 바로 치는 것쯤은 기정사실로 인정될 만한 시기도 있을 것이다. 궁극적으로는 어떤 방법으로 홀을 공략하는가 하는 전술적인 플레이를 생각하는 골퍼가 되어야 할 것이다.

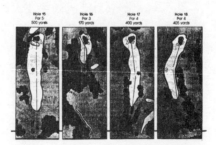

트러블샷

Trouble Shots

자세가 불안정할 땐 하프 스윙을

모든 미스샷은 기량 미숙 때문에 일어나게 되지만, 때로는 심리적인 영향을 받아 생기는 경우도 적지 않다. 토핑도 예외는 아니어서 목표가 가까우면 공 머리를 때리는 경향이 많다. 그것은 공을 꼭 목표 지점으로 보내야겠다는 강한 집념이 도가 지나쳐 헤드업을 유발하기 때문이다.

골프에서의 헤드업은 만병(모든 미스샷)의 근원이다. 다운스윙 때 머리가 들리면 몸이 일어나서 공머리를 때리게 된다. 그래서 타구 준비가 끝나면 공을 때리는 것에만 신경을 집중시켜야 한다고 했다. 현실적으로는 공을 치고 나서 (공이 티 위에서 떠나면) 공의 행방을 눈으로 쫓든 쫓지 않든 그 결과는 하나도 다를 것이 없다. 오히려 목표를 지나치게 의식하면 이런 종류의 미스샷이 일어나기 때문에 어드레스 때 방향을 확인하면 그만이지 공을 치자마자 목표 쪽으로 눈을 돌릴 필요는 없는 것이다. 일단 확인한 목표는 머리 속에 그리는 것만으로도 충분하다. 실전면에서는 발 끝이 낮은 지점에서는 무릎을 많이 굽히고 허리를 낮춰야 되지만, 스윙 때에도 이 높이를 그대로 유지해야지 조금이라도 몸이 일어나면 공머리를 때리게 된다.

그래서 트러블샷은 절대로 스윙을 크게 해서는 안 된다. 자세가 안정되지 않을 때 스윙을 크게 하면 모처럼 고정시킨 하체는 무너지고 만다. 그래서 이런 때에는 몸을 쓰지 말고 팔만으로 때리는 하프 스윙을 해야 공을 바로 맞힐 수 있다. 지면이 고르지 못한 곳에서는 풀스윙, 풀샷은 금물이다.

러프서 벗어나는 완벽한 1타 익혀야

골프는 공이 잘 맞았다 안 맞았다 하는 데 묘미가 있다. 타구마다 페어웨이 복판으로 날아가고 어프로치샷은 틀림없이 그린에 올라간다면 얼마나 좋겠냐고 생각할지 모르지만…… 글쎄, 이런 불상사(?)가 아마추어 골퍼에게 일어난다면 골프도 그저 그렇고 그런 심심풀이 오락으로 전락하고 말 것이다. 때로는 나이스샷이 있어 파가 되기도 하고 러프나 장애물 속에 들어가면 갈고 닦은 기량을 총동원해서 곤경 속에서 헤어나는 그런 노력이 있어 골프는 재미있는 것이다.

이런 것이 포기하지 않는 골프, 노력하는 인생을 살아가는 표본인 셈이다. 골프는 트러블샷 하나가 게임 전체(승패)를 좌우하는 때가 많다. 그래서 골프를 이해하고 즐기기 위해서는 어려운 상황에서 교묘하게 탈출하는 완벽한 1타를 칠 줄 알아야 한다. 아마추어 골퍼는 어쩌다 나오는 나이스샷 하나보다는 평범한 타구 속에서도 결코 미스샷이 없는 그런 골프를 추구해야 할 것이다. 더욱이 그린까지는 불과 30m 안팎의 거리밖에 없지만 중간에 장애물이 있으면 장애물을 피하기보다는 장애물을 뛰어넘는 높은 공을 치지 않으면 안 된다. 이런 때 꼭 필요한 클럽이 샌드웨지다. 같은 클럽이라도 공은 왼쪽에 놓일수록 높이 뜨게 마련이다. 짧은 거리에서의 어프로치샷은 오픈 스탠스가 제격이다. 그래야 업라이트 스윙이 되어 그린 위에 떨어진 공은 핀 쪽에 달라붙는다. 이런 타구는 여러 가지 타구의 종합판 같은 것이다.

경사진 곳 스윙 작게 하면 탈출 'OK'

18홀을 가진 정규 코스에는 어떤 상태이건 경사진 곳이 많다. 인공적으로 만들어진 곳, 자연 속의 언덕을 그대로 살려 놓은 곳 등. 정경은 달라도 경사면에서의 타구가 어려운 것은 어느 쪽도 마찬가지다. 평지에서는 그럭저럭 공을 맞힐 수 있어도 경사면에서의 타구는 여간 까다롭지 않다. 평지에 비해 라이(Lie-공이 놓여진 상태)나 어드레스 자세에 평상시와는 다른 악조건이 겹치기 때문이다.

비교적 평탄한 코스에서조차 발을 디뎌 보면 여러 가지 형태의 기복(Undulation)이 눈에 띈다. 페어웨이 자체는 평탄해도 타구가 좌우로 날아가면 경사면에 걸리게 되는 코스는 얼마든지 있다. 그래서 지금까지 순조롭던 플레이가 단 한번의 경사면 타구에서 흔들리는 일은 흔히 있는 일이다. 표현이 조금 지나치지만 평지에서는 다소 빗맞아도 공은 그럭저럭 나가지만, 경사면의 타구는 어드레스 자세나 스윙에 약간의 잘못이 있어도 결정적인 미스샷이 되고 만다.

이런 것을 방지하기 위해서는 꼭 지켜야 할 사항(요령)이 있다. 경사진 곳에서는 어드레스 자세에 제약이 있기 때문에 그만큼 평지에서의 어드레스와는 상황이 크게 달라진다. 경사면의 타구도 일종의 트러블샷(Troble-Shot)이다. 그렇기 때문에 하체를 고정시키고 그립을 짧게 잡고 스윙을 작게 하는 것만이 효과적인 타구를 할 수 있는 절대적인 요령이다. 공을 맞히고 나서 경사면에 따라 클럽 헤드를 던져주는 것도 잊어서는 안 될 요령 중의 하나다.

느린 스윙으로 왼발이 낮은 언덕 탈출

왼발이 낮은 언덕에 공이 있을 때에는 공이 뜨지 않는 것이 어려운 점이다. 이럴 때일수록 공을 가볍고 부드럽게 쳐야 공이 뜨기 때문에 클럽 페이스를 약간 젖히고(Open Face) 클럽 헤드의 무게를 이용해서 천천히 여유 있는 스윙을 해야 한다. 백스윙이 느린 반면 다운스윙 때에는 클럽 헤드가 공 밑(Sole)으로 미끄러지듯 들어가면 그대로 경사면을 따라 낮게 (왼발이 낮기 때문에) 폴로스루를 해야 한다. 그러면 클럽 페이스에 공이 얹혀져 왼발 쪽이 낮은 언덕에서도 제법 공은 뜨게 된다.

결코 긴장감 같은 느낌이 들지 않는, 여유 있는 스윙……사뿐히 위로 떠오른 공이 핀 앞에 달라붙는가 했더니 홀컵 속으로 사라지고 만다. 극적인 1타가 이글(Eagle)을 기록하는 순간이다. 힘을 빼는 것도 클럽 헤드의 무게로 공을 치기 위해서이고, 더욱이 숏어프로치샷은 클럽 헤드의 무게를 이용해서 천천히 휘둘러야 한다. 그래야 기적 같은 환상의 마구를 경험할 수도 있을 것이다.

아무리 기술의 골프가 프로 골퍼의 전유물이라 하더라도 우리에게도 기회는 있는 법이다. 핀까지의 거리는 불과 30m 안팎. 아직 풀이 제대로 돋아나지 않은 계절엔 공이 잔디 위에 떠 있을 리 없다. 풀이 없을 뿐만 아니라 왼발이 낮은 쪽에 공이 놓여 있다. 더욱더 어려운 것은 그린 앞에 장애물이 가로 막고 있다. 바로 이런 때가 그림 같은 1타가 요구되는 극적인 장면이다.

풀 속 공은 로프트 큰 클럽으로 공략

거리는 짧아도 공이 페어웨이 어느 구석에만 있으면 아직도 파 찬스는 있고 잘못 돼도 보기 플레이는 가능하다. 그러나 타구 방향이 틀어져서 공이 숲속으로 들어가면 우선 공 찾기에 바쁘고 간신히 위치를 확인해도 공이 편안한 자리에 있지 않을 때가 많다.

러프 속에서 공을 빼낼 때는 라이(Lie)를 확인하는 일이 급선무다. 공이 풀 속에 앉아 있는 상태를 확인하고 나서 그린까지의 거리를 확인하는 것이 순서다. 직접 그린을 노릴 수 없는 상황이면 공을 빼낼 수 있는 최적의 지점과 거리를 찾아내야 한다.

이때 사용하는 클럽은 거리를 기준으로 선택할 것이 아니라 공이 놓여 있는 상태에 따라 결정된다는 것을 잊어서는 안 된다. 라이를 무시하고 거리만으로의 클럽 선택은 절대로 있어서는 안된다. 아무리 거리가 멀어도 공이 풀 속에 가라앉아 있으면 공을 충분히 빼낼 수 있는 로프트가 큰 클럽을 써야 한다. 이것은 타구 기술에 앞서 알아둬야 할 기술 외적인 요소 중 하나다. 이런 경우 거리에 대한 욕심을 버리고 확실하게 러프에서 탈출하는 것만을 생각하면 이미 게임에선 이긴 거나 마찬가지다.

한편 러프에 들어간 공이 때로는 긴 풀 위에 떠 있을 때가 있다. 공이 떠 있으면 가라앉아 있을 때보다는 훨씬 타구 조건이 좋지만 그렇다고 얕잡아봐서는 안 된다. 공은 어떤 상황에서도 이에 상응하는 타구 방법으로 대처해야 하는 것이다.

공이 발 밑에 있을 땐 팔만으로 쳐라

넓은 의미에서 말하면 티샷을 제외한 모든 타구가 트러블샷이라고 해도 지나친 말은 아니다. 러프, 벙커, 언덕…… 심지어 편편하게 보이는 페어웨이에도 크고 작은 기복이 있어 골퍼를 괴롭힌다. 그러나 이것은 골퍼라면 누구나 극복하지 않으면 안 될 상황이고, 얼마만큼 효과 있게 극복하는가에 따라 스코어는 크게 달라지게 된다.

공은 벙커 속에 빠졌는데 두 발은 벙커 밖이라……. 이런 경우도 종종 있게 마련이다. 이런 때 두 발은 잔디 위에 있기 때문에 스탠스를 잡기에는 큰 문제가 없지만, 공이 발 밑 모래 속에 있어서 어드레스 때나 스윙 때 몸의 균형을 잡기가 어렵다. 이 상황은 본질적으로 발 끝이 낮을 때와 같은 경우다. 우선 몸의 균형과 안정을 위해서는 자세를 낮춰야 하고 이를 위해 두 무릎을 깊이 꺾어야 한다.

스윙이 시작되면 몸이 상하로 움직이지 않도록 주의하지 않으면 안 된다. 또 무릎이 많이 꺾여 있기 때문에 좀처럼 주의하지 않으면 스윙 도중에 무릎이 펴질 염려가 있다. 무릎이 펴지면 반지름(왼쪽 어깨에서 공까지)이 길어져서 공 위쪽을 때리게 된다. 소위 토핑(Topping)이다. 아니면 공 허리를 쳐서 홈런이 되고 만다. 어느 쪽도 기분 나쁜 미스샷이다.

이런 상황에서는 어깨만 돌려서 팔만으로 쳐야 한다. 몸을 쓰지 않아도 되니 스윙이 편할 수도 있다. 모처럼 손으로만 쳐도 나이스샷이 되는 그런 타구다.

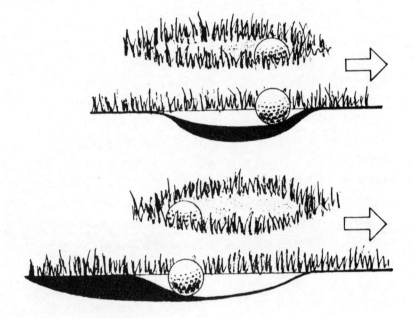

깎인 땅에선 클럽 페이스 엎어쳐라

페어웨이에 있는 공을 치고 나면 그 자리엔 풀이 개여나가 흙 바닥만 남는다. 흙모래에 메워진 이 자리에 잔디가 다시 나기까지는 어느 정도 시일이 걸린다. 코스 관리가 제대로 되지 않아 벌집처럼 드러난 이런 곳(소위 페어웨이 벙커)에 공이 떨어지면 누구나 (프로 골퍼까지도) 어려움을 겪게 된다.

이렇게 헐벗은 땅(Bare Ground) 위에 놓인 공은 클럽 페이스로 공을 직접 맞히지 않으면 미스샷이 되고 만다. 보통 잔디 위에 떠 있는 공은 웬만큼 뒤땅을 쳐도 클럽 헤드가 잔디 밑으로 미끄러져 들어가 공을 맞히고 나서도 채는 빠져 나가지만 맨땅에서는 한 치의 뒤땅치기도 허용되지 않는다. 바로 이런 때의 타법이 옆으로 쓸어치는 사이드블로(Side-Blow)다. 맨땅 위에 있는 공을 잘못 치면 뒤땅 아니면 토핑이 되고 만다.

그렇기 때문에 클럽 페이스를 엎어서 쳐야 안전한 타구가 되는 변칙 타법이 요구되는 것이다. 스퀘어의 원리를 기준으로 클럽 페이스를 엎으면 자연히 공은 오른발 쪽으로 오게 되고 클럽을 잡은 두 손은 공보다는 훨씬 왼쪽으로 오게 된다. 이런 자세에서 어드레스를 하게 되면 백스윙 때 두 손의 위치(그림)를 그대로 둔 채 손목만을 꺾었다 내려치는 것이 이때의 타구 요령이다.

이 타법은 공에 오버 스핀(Over-Spin)이 걸려 많이 굴러가는 구질이라는 것을 염두에 두고 거리 조절도 해야 할 것이다.

공을 높이 띄우려면 왼쪽에 놓고 쳐라

공이 페어웨이 한복판에 있어도 목표 쪽에 장애가 되는 나무
가 있거나 옆홀(남의 집)로 날아간 공을 숲 너머로 쳐야 하는
경우는 아무래도 탄도가 높은 구질이 요구된다. 물론 로프트가
큰 클럽으로 정상적인 타구를 하면 공은 자연히 뜨게 마련이다.
공을 높이 뛰우기 위해서는 공을 왼쪽에 놓고 클럽 페이스를 뉘
어서 치면 되지만, 중요한 것은 나뭇가지 사이를 뚫고 빠져나가
는 요행을 바라는 모험을 해서는 안 되고 확실하게 나무 위를
넘기는 타구를 해야 한다. 물론 이에 맞는 클럽을 잡아야 하는
것도 잊어서는 안 된다. 가령 나무를 넘길 때 목표를 나뭇가지
사이의 좁은 공간에 놓을 것이 아니라 나무 꼭대기를 넘겨야 안
전하고 성공률도 높다는 말이다.

모든 트러블샷은 모험을 걸기보다는 안전한 공간을 택해서 자
신 있는 스윙을 하면 골라 잡은 클럽의 로프트가 공을 높이 띄
워 준다. 그러나 공을 뛰우려는 의식이 지나치게 강하게 작용하
면 머리를 들거나(Head-up) 하반신(허리, 무릎)의 균형이 무너
져 손으로만 치게 되어 오히려 미스샷을 유발하는 결과가 된다.
뒤땅을 치지 않으면 공 머리를 때리는 기분 나쁜(?) 타구가 그
대표적인 예다.

이처럼 장애물을 넘어 탄도가 높은 공을 쳐야 할 경우 공을
왼쪽에 놓아야 하고 왼쪽 어깨가 좀더 높이 올라가는 자세로 어
드레스를 해야 하는 것도 잊어서는 안 될 필요한 사항이다.

18홀 20리길도 3홀씩 치면 즐겁다

골프 코스에는 홀마다 목표(홀컵)가 있다. 그렇기 때문에 골퍼는 얼마만큼 이 목표를 향해 적당히 긴장감을 지키면서 플레이할 수 있는가에 따라 게임의 결과(스코어)가 크게 좌우된다. 바로 여기에 골프의 어려움이 있는 것이다. 20리길 18홀을 5시간 동안이나 긴장 속에서 플레이한다는 건 누구에게나 무리한 일이다.

그래서 이것을 반으로 나누기도 하고, 6홀씩 3등분하기도 하며, 때로는 3홀씩 6등분해서 항상 새로운 기분 속에서 홀을 공략하는 전법으로 삼는다.

목표가 뚜렷하면 어느 정도 긴장도 하게 마련이다. 그러나 한홀 두홀 플레이가 진행됨에 따라 어느 새 목표 달성은 점점 어려워진다. OB(Out of Bounds)가 나기도 하고, 벙커 속에서 푹석거리기도

한다. 그린 근처 벙커를 오가며 냉탕 온탕을 되풀이하다 통한의 3퍼팅도 경험하게 되면 목표는 무너지고, 인사불성 상태에서 공을 치다 보면 9홀이 끝나기도 전에 게임을 포기하는 지경에 이른다. 그러면 플레이는 김이 빠지고 긴장감은 분노로 변해 버린다. 이런 패턴의 플레이가 반복되는 한 10여년의 경력도 빛을 잃고 목표 달성의 꿈은 사라지고 만다. 18홀의 정규 코스를 3홀의 미니 코스로 세분하면 목표 달성도 쉬워지고 긴장감을 유지한 채 5시간의 지루한 플레이도 즐거움으로 탈바꿈하게 된다.

설사 한 홀에서 스코어가 무너져도 다음 3홀에 승부를 걸어볼 수도 있을 것이다. 골프에서 욕심은 금물이지만 어느 정도의 긴장은 필요한 것이다.

퍼 팅

Putting

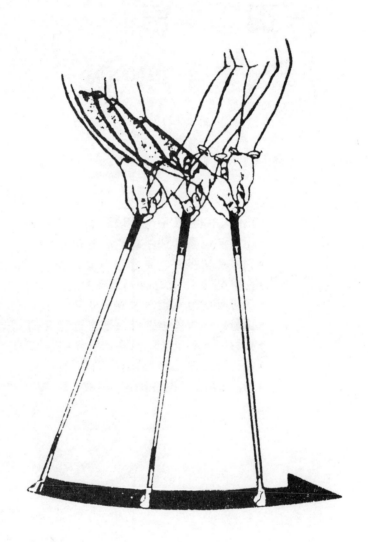

퍼터 그립은 되도록 가볍게 잡도록

퍼터를 잡는 방법은 천차만별이어서 어느 것이 가장 좋은 방법이라고 꼭 꼬집어 말할 수는 없다. 그렇기 때문에 아무렇게나 잡아도 되는 개인의 취향처럼 보이기도 하지만, 퍼팅의 명수들에게 한 가지 공통된 특징은 그립을 잡을 때 힘을 넣어 강하게 잡는 사람은 없다는 사실이다. 그래서 퍼터 그립은 되도록 가볍게 잡아야 한다고 말하고는 있지만 이것 또한 알아듣기 힘든 표현이 아닐 수 없다. 마치 병아리 목을 잡고 있듯이……라고 한다면 이해가 갈는지. 그래도 몸에 와 닿지는 않는다.

어쨌든 퍼팅은 어렵고 어려운 것만큼 프로 골퍼에겐 돈(상금)과 밀접한 관계가 있다. 기술이 뛰어난 사람에게도 퍼팅이 서투른 사람은 있다. 미국의 칙 에번스는 5m 거리에서 7퍼팅까지 한 기록이 있다. 이렇게 퍼팅에 시달리던 그가 찾아낸 비결은 그립을 가볍게 잡는 것이었다고 한다. 사람의 심리란 긴장하면 무의식중에 퍼터를 강하게 잡는 경향이 있지만 이것을 본인이 직접 확인할 수 없는 것은, 그립을 잡는 힘의 강도란 자신은 물론 제3자의 눈에도 명확하게 나타나 보이지 않기 때문이다.

이렇듯 퍼터를 잡는 힘의 세기에 대한 정확한 표현은 없으며, 다만 '너무 강하거나 너무 약하지 않게'라는 애매모호한 표현만 하고 있어 안타까울 뿐이다. 한 가지 분명한 것은 그린에서 그립을 강하게 잡으면 치명적인 결과를 가져온다는 사실이다.

퍼팅은 경험에 의한 감각적 능력

대부분의 아마추어 골퍼는 거리가 긴 퍼팅을 할 때 얼마만큼의 힘이 필요한지를 확실하게 아는 사람은 없다. 퍼팅이 서투른 사람일수록 그야말로 맹목적으로 퍼팅을 하기 때문에 터무니없이 거리가 길어지거나 짧아지는 경우가 많다. 어쩌다 홀컵에 달라붙기라도 하면 오히려 믿어지지 않는지 어안이벙벙해지기까지 한다. 그러나 어느 정도 퍼팅에 익숙해지면 뚜렷하게 힘을 넣고 빼는 것까지는 모르더라도 크게 홀컵을 벗어나는 일은 적어지고 핀에 붙는 확률이 높아지게 된다.

퍼팅은 거리에 따라 필요한 만큼 힘을 넣거나 빼는 것이 아니라 순수한 감각에 의해 공을 때리는 그야말로 무의식중의 능력이기 때문이다. 다시 말하면 퍼팅이란 많은 경험과 끊임없는 연습을 통해서 적당한 힘의 강약이 무의식중에 나타나는 잠재력이 작용하게 되는 것이다. 그렇기 때문에 롱퍼팅은 제대로 공을 맞히는 것만 사람이 할 수 있는 일이고 홀컵 속으로 들어가거나 핀에 달라붙는 일 같은 것은 하늘에 맡길 수밖에 없는 것이다.

골프는 처음부터 끝까지 몸으로 익히는 감각적 운동이다. 특히 가늠하기조차 어려운 긴 거리의 퍼팅은 되도록 많은 연습을 쌓아서 힘의 강약을 무의식중에 몸 속에 기억시키는 방법밖에 없는 것이다. 아무리 먼 거리의 퍼팅도 2퍼팅이면 다행이고 3퍼팅을 해도 할 수 없다는 소극적인 태도는 현실 도피의 무책임한 사고방식이다.

퍼팅은 방향과 힘의 종합 예술

팅그라운드에서 친 공(티샷)이 반드시 목표 지점에 떨어져야 하는 것은 아니다. 대충 장애물만 피하면 장타가 아니라도 만족할 수 있는 것이 아마추어 골퍼의 티샷이다. 그러나 그린에 가까워질수록 타구가 어려워지는 것은 역시 목표물이 좁아지기 때문이다.

팅그라운드를 떠난 공이 그린까지 올 때까지는 어느 정도 느긋하고 여유가 있어도, 불과 한 뼘도 안 되는 작은 구멍(홀컵) 속으로 공을 집어넣어야 하는 퍼팅만큼은 사정이 많이 달라진다. 거리와 방향만 맞으면 공은 틀림없이 홀컵 속으로 들어가지만 어디 그것이 마음대로 되는 일인가. 방향이 절대적으로 요구되는 퍼팅도 힘(거리)이 맞아야 한다.

그렇기 때문에 홀컵 근처에서 힘없이 죽어 버리는 그런 공이 가장 이상적인 것이라고 한다. 홀컵에는 전후좌우 4개의 입구가 있는 것처럼 보인다. 그러나 사실은 홀컵은 둥글기 때문에 동서남북 어느 모서리에서도 들어갈 수 있는 기회는 얼마든지 있는 것이 퍼팅이다. 홀컵을 지나칠 정도의 강한 힘으로 친 공은 입구가 홀컵 정면 한 군데밖에 없지만, 홀컵 언저리에서 멎을 정도의 힘으로 굴러가는 공은 홀컵을 정면으로 지나가지 않고 홀컵을 스치기만 해도 공은 홀컵 속으로 빨려 들어간다.

물론 그린의 경사나 잔디의 결 때문에 홀컵 뒤쪽에서 떨어지는 경우도 없는 것은 아니다. 그렇기 때문에 퍼팅은 입구가 가장 많은 구질의 공을 택해야 한다.

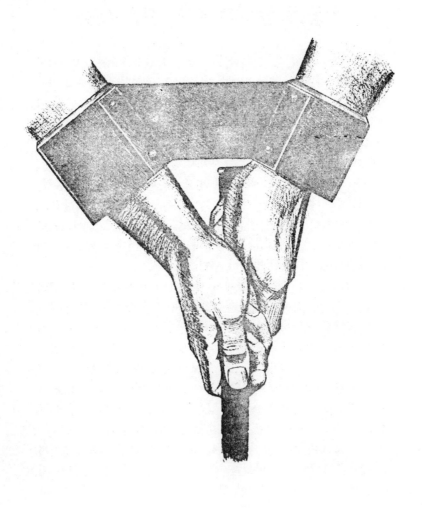

손목 안 쓰는 퍼팅이 세계적 추세

　거리도 방향도 생각대로 맞아주지 않는 것이 골프다. 그러나 퍼팅만큼은 초보자라도 엇비슷하게는 굴러간다. 바로 여기에 퍼팅을 등한시하는 요인이 있는 것이다. 퍼팅에서 문제가 되는 것은 역시 타법이다. 손목을 써서 때리는 방법과 전혀 손목을 쓰지 않는 타법이 있다. 어느 것이나 장점이 있는 반면 결점도 있다. 손목을 쓰는 퍼팅은 잔디결에 지지 않는 강한 타구가 가능하지만, 빠른 그린에선 거리감을 잡기 어렵다.

　한편 손목을 쓰지 않는 타법은 빠른 그린이나 잔디결이 약한 곳에서는 방향과 거리감을 잡기 쉽지만, 그린이 억세면 공에 힘이 없어 쉽게 잔디결에 좌우되고 만다. 그렇지만 이것도 절대적인 것은 못 된다. 일반적으로는 손목을 고정시키고 시계추처럼 퍼터 헤드만 움직여서 때리는 방법과, 어드레스 때 그립과 어깨 사이에 만들어진 삼각형을 무너뜨리지 않고 그대로 때리는 방법을 꼽는다.

　어느 쪽을 택하더라도 퍼터 헤드를 목표선(Putting Line) 쪽으로 보낸다는 공통점이 있다. 다만 세계적인 추세라면 손목을 쓰지 않는 타법을 들 수 있다. 이처럼 별로 힘을 쓰지 않는 퍼팅에서까지 타법과 그립을 강조하는 것은 두 손에 일체감이 있어야 하기 때문이다. 손목을 꺾는 타법은 어느 한쪽 손만으로 퍼팅을 주도하게 되어 일체감을 파괴하고 만다. 처음부터 끝까지 두 손이 하나가 되어 움직이게 하려면 손목을 꺾지 않는 타법을 택해야 할 것이다.

그린 위에선 플레이 늦추고 집중

골프 기술이 덜 다듬어진 사람일수록 그린 위에서의 플레이는 빠르다고 한다. 80대의 스코어를 유지할 만큼 기량이 늘면 팅그 라운드에서 그린까지는 플레이가 빠르고, 일단 그린 위에 올라 가면 왜 그런지 플레이가 약간은 늦어지게 되는 것이 상례이다.

한편 초보자를 위시해 골프가 서투른 사람은 티샷에서 어프로 치샷까지는 타구마다 지나치게 신경을 쓰게 되어 많은 시간이 걸리지만, 그린에 올라가면 별로 정신집중 같은 것은 아랑곳없 이 퍼팅을 하기 때문에 플레이가 빠르다. 그러나 이것은 정반대 의 현상으로서 그린 위에서는 기분을 안정시키고 정신을 집중시 킬 줄 알아야 한다. 팅그라운드에서 그린까지는 편안한 마음으 로 무리 없이 공을 쳐야 정상적인 스윙도 가능하고, 결과적으로 는 스코어를 좋게 만드는 데 크게 영향을 미친다는 것을 알아야 한다.

그린 위에 올라가면 만사를 제쳐 놓고 일단 1타로 마무리짓는 다는 자신감을 갖고 정신을 집중시킬 필요가 있다. 이것은 욕심 이 아니라 절대적인 신념이다. 팅그라운드를 떠나 그린까지 가 는 동안은 될 수 있는 대로 기분을 안정시켜 모처럼의 나들이 속에 즐거움을 만끽해야 한다. 다정한 사이라면 농담도 주고 받 는 것이 바람직하다.

그러나 일단 그린 위에 올라서면 1퍼팅으로 홀인시킨다는 각 오로 온 정신을 한 점에 집중시켜야 한다. 이렇게 정신을 집중 시켰다 풀어줬다 하는 방법을 알아야 골프를 즐기는 방법도 알 게 될 것이다.

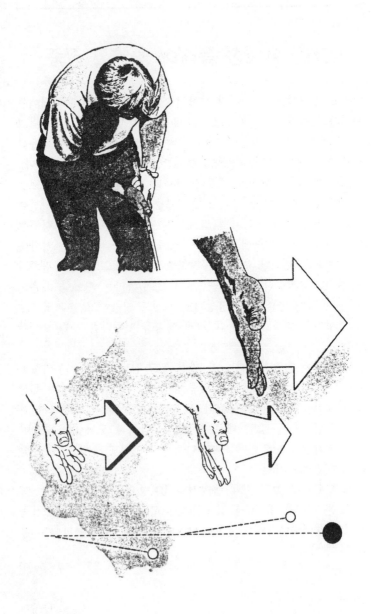

퍼팅······ 방향보다 힘 조절에 비중 두라

누가 뭐라 해도 때리는 공마다 홀컵 속으로 들어가면 그것이 퍼팅의 명수다. 그러나 어떻게 하면 들어가는 확률을 높일 수 있을까. 이것이 퍼팅에 골몰하는 사람들의 안타까운 심정이다.

공을 구멍 속에 집어넣는 요령이나 감각은 농구도 마찬가지다. 농구도 분명히 공을 둥근 구멍(Ring) 속에 집어넣는 경기지만, 공을 링까지 가 닿게 하는 데는 힘의 조절이 필요하다. 공이 바구니의 반쪽만 지나가면 공은 틀림없이 바구니 속으로 들어가게 된다. 이것은 지극히 당연하면서도 평범한 이치지만 이 요령을 알고 실행하기는 그리 쉽지 않다. 이렇게 목표물(홀컵)의 반쪽만 생각하면 그만큼 머리 속에 힘을 조절(가감)하는 기준이 좀 더 명확하게 떠오르게 된다.

퍼팅의 힘을 어떻게 조절하는가 하는 문제도 이와 흡사해서 홀컵 언저리에서 겨우 멎을 것 같은 힘으로 굴러가야 들어갈 확률이 높아진다. 퍼팅은 아무리 방향이 정확해도 힘의 크기가 일치하지 않으면 공은 홀컵 속으로 들어가지 않는다. 반대로 방향은 다소 홀컵 좌우 언저리로 처지더라도 힘만 맞으면 공이 홀컵 속으로 떨어지는 가능성은 높아진다.

물론 퍼팅은 짧은 것보다는 길어야 하지만, 그렇다고 무턱대고 길게만 친다고 다 홀컵 속으로 떨어지는 것은 아니다. 입구가 하나밖에 없는 강한 타구보다는 출입문이 4개나 있는 컵 가장자리를 맴도는 그런 힘으로 때리는 퍼팅이라야 확률이 높은 타구가 되는 것이다.

퍼팅…… 서두르지 말고 리듬을 타라

퍼팅은 기술보다는 마음으로 해야 한다는 말이 있다. 그래야 잘 들어간다는 것이고, 정신 자세가 안정돼 있어야 기술도 발휘할 수 있다는 말이다. 스윙 동작은 원리에 기초를 두고 있으면서도 자연스러워야 한다고 했다. 그렇기 때문에 타석에 들어서면 (그것이 롱샷이든 퍼팅이든간에) 지나치게 깊이 생각하는 버릇은 없는 것이 좋다. 퍼팅도 이와 같아서 방향이다 라인이다 하고 이것저것 따지게 되면 절대로 좋은 타구(퍼팅)가 될 수 없다.

게임은 머리(두뇌)로 하는 것이지만 타구만은 몸으로 해야지 머리 싸움으로 타구가 잘 되는 것은 아니다. 또 아무리 좋은 스윙도 리듬이 없으면 나이스샷이 안 되듯 퍼팅도 1m의 숏퍼팅도 20m의 롱퍼팅도 공을 때리는 리듬이 항상 같아야 결과가 좋아진다. 그러나 롱퍼팅에서 공을 맞히는 순간 스윙 속도가 가속되는 것처럼 보이는 것은, 스윙 폭이 크기 때문이지 백스윙과 다운스윙의 타이밍이 다르기 때문에 그런 것은 아니다. 아무리 거리와 방향 조절이 뛰어난 사람도 리듬이 맞지 않으면 공이 홀컵 속으로 떨어지지 않는다.

퍼팅은 음악의 박자계와 같아서 템포는 바꾸어도 리듬이나 타이밍은 일정하지 않으면 안 된다. 그렇기 때문에 아무리 짧은 거리의 퍼팅도 서둘러 쳐서는 안 되며, 스윙의 크기로 거리 조절을 해야 하는 것이다. 바로 이것이 리듬이고 퍼팅을 잘할 수 있는 기본 요소이다.

슬라이스 땐 홀컵 왼쪽을 겨냥

그린 위에 올라간 공을 홀컵 속으로 집어넣을 때 공이 굴러서 따라가야 하는 길을 퍼팅 라인이라고 한다. 퍼팅 라인에는 똑바로 가는 직선의 길이 있기도 하지만 대개는 오른쪽으로 휘는 슬라이스 라인과 왼쪽으로 흐르는 훅 라인이 있다. 물론 이것은 그린의 경사와 잔디결의 영향 때문이지만 경사가 심하면 공도 많이 휘기 때문에 목표선에 맞춰 확실하게 자신 있는 퍼팅을 해야 한다.

아무리 슬라이스 라인이나 훅 라인의 영향을 많이 받는다 해도 퍼팅의 스트로크 요령은 평지에서의 직선 타구의 감각이 기준이 된다. 그렇게 해서 슬라이스 라인이나 훅 라인에 맞춰 타구 방법을 조금만 바꾸면 공이 휘는 것을 크게 걱정하지 않아도 되는 타법을 알아낼 수 있다. 슬라이스 라인은 공이 오른쪽으로 휘면서 굴러가기 때문에 홀컵 왼쪽을 겨냥해서 쳐야 한다. 그러면 적당한 힘으로 왼쪽으로 굴러가다 홀컵 속으로 들어간다. 그러나 평지에서처럼 홀컵을 보고 바로 때리면 공은 홀컵 근처에서 별안간 오른쪽으로 달아나고 만다.

슬라이스 라인의 특별한 타구 요령은 그립보다 퍼터 헤드가 먼저 앞으로 (목표 쪽으로) 나가는 것이 선행돼야 한다. 또 훅 라인은 이와 반대로 그립을 잡은 두 손이 퍼터 헤드보다 먼저 앞으로 나가면서 공을 맞혀야 공이 왼쪽으로 휘는 것을 막을 수 있다. 이런 요령과 타법은 슬라이스 라인 때는 공을 왼쪽으로 놓고, 훅 라인은 오른쪽에 공을 놓고 때리는 것도 같은 원리일 것이다.

방안에서도 퍼팅 연습은 가능하다

골프에서 스코어가 무너지는 것은 두말할 것도 없이 미스샷 때문이지만, 특히 스코어를 크게 좌우하는 것은 퍼팅이다. 이처럼 절대적인 비중을 차지하는 퍼팅을 끈기 있게 연습하는 골퍼는 의외로 많지 않다.

퍼팅은 꼭 핀에 붙인다거나 집어넣을 수 있다는 자신감을 가져야 한다. 퍼팅에서 가장 큰 고민은 3퍼팅이다. 그린이 꽁꽁 얼어붙은 겨울철에는 4퍼팅 5퍼팅까지도 있을 수 있다. 3퍼팅을 하지 않으려면 롱퍼팅은 1야드 전후로 홀컵에 붙여야 한다. 그리고 1~2야드의 숏퍼팅은 꼭 집어넣는다는 자신을 가져야 한다.

자신감은 실습을 통한 연습에서만 얻어진다. 방안 좁은 공간에서도 퍼팅 연습은 가능하다. 공을 치지 않아도 좋다. 퍼터를 똑바로 끌었다 똑바로 던져 주는 직선 운동을 몸에 익히면 짧은 퍼팅은 반드시 들어가고 긴 거리라도 3퍼팅은 하지 않는다.

200야드 이상을 날아가는 드라이버샷은 거리 제한이 없을 뿐만·아니라 다소 휜다 하더라도 그것이 승패에 결정적인 영향을 미치지 않는다. 그러나 퍼팅의 목표 지점은 불과 11cm의 작은 홀컵뿐이고 좌우전후 어느 쪽으로도 단 한 치의 오차가 있어서는 안 된다. 뿐만 아니라 일반 타구처럼 거리나 타법에 맞춰 클럽을 바꿔 잡을 수도 없다. 오직 방향도 거리도 정확해야 한다는 가혹한 강요(?)가 있을 뿐이다.

겨울철은 퍼팅의 명수가 될 수 있는 절호의 계절이다. 전후의 직선 운동(퍼팅 동작)의 반복만이 퍼팅 감각을 찾을 수 있는 것이다.

'마의 벽' 스코어 100을 깨자

골퍼에게는 평생 동안 잊을 수 없는 그날이 있다. 대망의 스코어 100을 깬 날이 바로 그날이다. 골프에서 100이라는 숫자는 초보자에겐 쉽게 넘을 수 없는 장벽이다. 골퍼가 100을 깬다는 것은 골프 인생을 살아가는 동안 넘어야 할 많은 장벽 중에서 첫번째 관문을 통과했다는 무한한 잠재력과 가능성을 확인하는 계기가 되기 때문에 그 의의는 사뭇 크다. 10년이면 강산이 변한다고도 하고, 역사의 흐름은 10년마다 그 주기가 바뀐다고도 한다.

골프에서도 100을 깬 날로부터 10이라는 숫자 단위로 골프 관록과 기술을 상징하는 장벽은 허물어진다. 아무리 스코어와는 무관한 도통한 사람에게도 100보다는 99가 얼마나 소망스럽고 귀중한 숫자인지 모른다. 100과 99 사이에는 불과 하나(1)의 차밖에 없지만, 골프에서의 이 차는 하늘과 땅만큼이나 그 의미가 다르다.

골프와 100…… 아득한 그 옛날의 향수 같은 것을 느끼게 하는 다정한 말…… 그런가 하면 어쩌면 영원히 넘지 못할 수도 있는 그런 숫자다. 그러나 100의 벽을 넘지 못한다고 실망할 필요는 없다.

골프는 성실한 플레이를 통해 즐거움을 추구하는 것이 최대의 목적이지만, 그러다 보면 언젠가는 100의 벽은 무너지게 되기 때문이다. 골프에서의 숫자 놀이에서는 스코어는 두 자리(99, 98, 97……)가 바람직하고, 핸디캡은 한 자리(9, 8, 7……)가 영원한 목표다. 그러니 100을 깬 날이 잊을 수 없는 기념일이 되는 것은 너무나도 당연한 일이다. 중견 골퍼에겐 한 자리 숫자의 핸디캡이…… 초자에겐 100을 깨는 그날이 있기를 바라면서 새해의 골프를 설계해 본다.

연습방법
Practice Drill

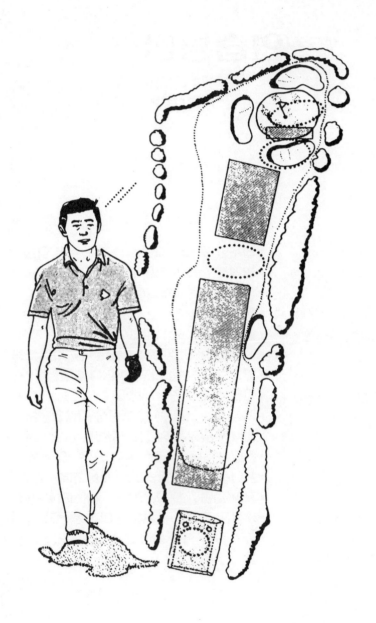

라운딩 도중 잡념에 빠지는 것은 금물

흔히 골프는 생각할 수 있는 시간이 너무 많아서 어렵다는 말을 많이 한다. 과연 그러고 보면 타구와 타구 사이에는 언제나 생각할 수 있는 여유가 충분히 있다.

또 멎어 있는 공은 플레이어가 치지 않는 한 언제까지나 기다려 주기 때문에 허용된 범위 안에서는 생각할 시간을 얼마든지 만들 수 있는 것이 골프 게임의 특성이다. 이렇게 라운드 중에 생기는 여유 있는 시간은 효과적인 플레이를 만들어 주기도 하지만, 플레이와는 무관한 생각까지 하게 하는 요인이 되기도 한다. 그것이 '욕심'이요 '불안'이고, 일반적으로 말하는 '잡념'이다.

공 하나를 놓고 서로 공방전을 벌이는 게임에서는 (모든 구기 경기가 다 그렇지만) 오히려 생각할 수 있는 시간적 여유가 있을 수 없다. 날아오는 공을 본능적으로 되돌려 치는 것만으로도 힘에 겨운 일이다. 그러나 골프에서는 이런 다급한 장면이나 상황은 일어나지 않는다. 오히려 다정한 사이끼리 플레이할 때에는 화기애애한 분위기 때문에 스트레스가 해소되는 것이 아닌가······.

그래서 걸어가는 도중 해이해진 기분이 그대로 지속돼서 정작 플레이를 열심히 하려고 해도 집중력을 상실하게 된다. 또 예기치 않았던 난관에 부닥치면 이번에는 좀처럼 결단이 서지 않아 갈팡질팡 불안 속의 플레이가 계속된다. 두말할 것도 없이 결과는 뻔한 일이다. 그래서 이런 악순환을 끊어 버리기 위해서는 긴장이 지나쳐도 안 되지만 너무 풀어져도 안 된다는 것을 알아야 할 것이다.

공격적 플레이 전에 분수를 알라

어떤 경기에서도 공격적이고 적극적인 플레이처럼 좋은 것은
없다. 그러면서도 마음을 비우고 분수를 지키는 플레이를 권장
한다. 그런 의미에서는 자기 능력에 맞는 플레이야말로 가장 적
극적인 공략 방법이라고 말할 수 있다. 결과만을 따지는 스코어
위주의 골프를 하더라도 여기에도 확률은 무시할 수 없는 요소
인 것이다.

아무리 생각이 좋아도 플레이어 자신이 할 수 있는 것과 할
수 없는 것이 있게 마련이다. 이것을 확실히 구별해서 어느 정
도 성공 확률이 있을 때에만 적극적인 플레이는 효과를 볼 수
있다. 그렇지 않으면 그 결과는 후회와 실망뿐일 것이다. 그렇기
때문에 상황에 따라 때로는 적극적인 전공법을 쓰기도 하고, 때
로는 소극적인 안전책을 택하면서 종합적인 전략을 통해 최선을
다하는 슬기와 노력이 있어야 한다. 그렇지만 두 가지 방법 중
어느 쪽을 택하든 꼭 필요한 것은 용기다. 어느 정도 자신이 있
는 상황에서도 그것을 실행에 옮기기 위해서는 용기가 있어야
하고, 극한 상황에 처했을 때 백기를 드는 것(Unplayable 선언)
도 용기가 있어야 한다. 결국 게임을 지키는 것은 자신의 분수
(실력)를 지키는 것과 마찬가지다.

이 요령과 원리를 알면 분수를 지키게 되고 진정한 의미의 공
격적인 플레이를 할 수 있는 날도 멀지 않을 것이다. 공격적이
란 말은 반드시 적극적인 것만을 의미하지는 않는다. 자신의 능
력을 알고 그 범위 안에서 최선의 공격 방법을 찾는 것이 정공
법이다.

골프는 자신과의 고독한 싸움

자신과의 고독한 싸움에서 가장 견디기 힘든 운동은 100리길 (42.195km)을 달려야 하는 마라톤을 들 수 있을 것이다. 그러나 골프만큼 자신과의 싸움이 치열한 스포츠도 없을 것이다. 골프 코스에는 모양과 성질이 다른 각양각색의 장애물이 여기저기 도사리고 있어 골퍼를 괴롭힌다. 뿐만 아니라 기상 조건은 그대로 플레이에 큰 영향을 미친다. 이것만으로도 골퍼에게는 정신적인 부담이 되고 압력일 수도 있는데, 이 밖에도 자신을 제외한 다른 플레이어 모두를 상대로 싸우는 것이 골프 게임이기 때문에 정신적 부담은 더해진다.

이렇게 생각하면 골프는 분명히 플레이어 자신과 상대방과 골프 코스 사이에 벌어지는 3자간의 승부인 것은 분명하지만, 그 중에서도 최대의 적은 코스도, 상대방도 아닌 바로 자기 자신인 것이다. 골프는 행운과 불운이 몰고 온 결과로 나이스샷이 되기도 하고 미스샷이 되기도 한다. 그러나 어떤 불운 속에서도 누구를 원망하거나 남을 탓할 수도 없고 탓해서도 안 되는 그런 스포츠다. 모든 기쁨도 슬픔도, 괴로움까지도 몽땅 플레이어 자신의 가슴 속에 간직한 채 혼자 삭이고 이겨내지 않으면 안 된다. 이런 것을 어떻게 자신과의 싸움이 아니라고 말할 수 있단 말인가.

골프는 이겨도 정정당당하게 이겨야 하고 지더라도 후회 없이 최선을 다하고 져야 한다. 하나의 불운이나 미스샷 때문에 게임을 버리고 급기야는 자기 자신까지 버리는 일은 없어야 할 것이다.

아이언샷이 좋으면 플레이도 '만점'

골프의 쾌감은 장타를 날렸을 때 가장 강하게 나타난다. 아마추어 골퍼가 200m이상 확실하게 날릴 수 있다면 이것만큼 장쾌한 것은 없다. 드라이버샷의 쾌음과 함께 하늘 높이 솟아오르는 백구를 바라보는 감회는 과연 이것이 골프로구나 하고 감탄사를 연발하게 된다. 그러나 골프는 그것만으로 끝나지는 않는다. 2타, 3타를 거듭해 홀컵 속에서 땡 하는 소리가 들려야 비로소 플레이는 끝이 난다. 골프에선 스코어를 줄이기 위해 필연적으로 아이언 클럽을 쓰지 않으면 안 된다. 그래서 아이언샷의 타구 여하에 따라 플레이 전체의 승패가 결정된다고 말할 수도 있다.

18홀을 도는 동안 아이언이 얼마만큼 많이 쓰여지는가를 쉽게 알 수 있다. 1라운드 중 드라이버라야 18홀 중 14번밖에 쓸 수 있는 기회가 없지만 아이언은 9번 아이언까지, 아니 피칭웨지와 샌드웨지까지를 포함하면 한 홀에서 한번 쓰는 것만으로는 끝장이 나지 않는다. 티샷을 200야드 보내고 제2타를 5~6번 아이언으로 그린을 노릴 수 있는 경우를 상상해 본다.

아주 운이 나빠서 아이언샷이 빗맞아 엄청나게 거리가 짧거나 벙커 같은 장애물 속으로 공이 들어가면 다시 한번 아이언샷을 하지 않으면 안 된다. 반면 어프로치샷이 잘 되면 1퍼팅으로 파를 할 수도 있지만, 이것마저 실패하면 또다시 아이언샷의 잔재주를 부릴 수밖에 없게 된다. 그렇기 때문에 드라이버샷이 다소 흔들려도 아이언샷만 좋으면 훌륭한 플레이는 가능하다.

강풍 속이라도 과감히 자기 스윙을

골프와 바람…… 폭풍까지는 안 가더라도 제법 거센 바람 속에서의 플레이는 기량은 고사하고 우선 '바람'이라는 자연의 힘 앞에 심신이 움츠러든다. 골프를 자연과의 싸움이라고 했다. 그러니 바람을 이용할 줄도 알아야 하고, 여기에는 비교적 간단한 정석 같은 요령 몇 가지가 있다. 앞바람 때는 탄도가 낮은 공을 쳐서 줄어드는 거리를 보충하고, 뒷바람에서는 바람을 타고 공이 멀리 날아가도록 높은 공을 친다는 것이다.

그러나 바람을 이용하는 타법도 결국은 직구를 칠 줄 알아야 가능한 응용 타법이다. 같은 바람이라도 앞바람과 뒷바람처럼 코스 앞뒤에서 부는 바람은 비교적 가늠하기가 쉽지만 좌우에서 부는 바람은 좀처럼 계산할 수가 없다. 이런 때 섣불리 바람을 이용하는 타법을 고집하면 오히려 미스샷이 되기 쉽다. 이런 상황 속에서의 정석이란 일반 아마추어 골퍼에겐 역설적인 강변에 불과하다. 오직 할 수 있는 방법이란 티의 높낮이를 조절해서 편안한 마음으로 연습공을 치듯 가볍고 부드러운 스윙을 하는 것뿐이다.

그렇지만 뒷바람일 땐 마음껏 후려치는 대담성도 있어야 한다. 옆바람이라고 별다른 타법이 있는 것은 아니다. 바람의 방향과 강도만 확인하면 평소의 타법대로 겁을 먹지 말아야 한다. 피부를 스치는 솔솔 바람까지도 신경을 건드리는 건 사실이지만, 그렇다고 겁 먹거나 걱정할 것까지는 못 된다. 바람도 자연 현상이기 때문에 이를 역행하면 오히려 화를 자초하게 된다는 것을 잊어서는 안 된다.

'나이스샷' 비결은 힘 아닌 편한 마음

골프처럼 복잡하고 어려운 스포츠도 없다. 타구 때마다 장소와 상황이 다르고 사용하는 클럽도 다르다. 이런 것이 골프인데, 상황이 바뀔 때마다 스윙까지 달라진다면 그야말로 머리는 혼란 속에 빠져 어지러워진다. 그렇기 때문에 궁극적인 스윙의 원리는 간결하고 쉽고 자연스러우면서도 무리가 없어야 한다고 했다. 이렇게 여러 가지 말로 스윙을 표현하고 있지만, 무엇보다도 편안한 마음으로 공 앞에 서서(Address) 아무 생각 없이 자연스럽게 스윙할 수 있어야 한 고비를 넘어선 스윙이라고 말할 수 있다.

그렇지만 일반 아마추어 골퍼가 이 경지까지 이르려면 적어도 20~30년은 걸릴 것이다. 스윙 하나 제대로 하는 데 몇십년이 걸린다니 참으로 골프란 끝이 없는 세계인 것 같다. 골프가 전혀 힘을 배제할 수는 없지만, 그렇다고 힘으로만 하는 운동은 절대로 아니다. 공은 스윙으로 쳐야 하고 스윙은 힘이 아닌 몸의 회전 운동이다. 이것이 골프의 기본이고 스윙의 원리다. 골프가 아무리 결과(Score)만을 따지는 경기라지만, 이것은 직업 선수에게나 해당되는 말이다.

그렇다고 아마추어 골퍼는 스코어가 나빠도 좋다는 말은 아니다. 다만 스윙이라는 기초가 잘못돼 있으면서 스코어에 고민하는 골퍼가 많기 때문에 하는 말이다. 골프를 배우려면 먼저 골프 스타일부터 배워야 한다. 스윙 폼이 좋아야 공도 보기 좋게 날아가는 것이다.

짧게 치면 다음 타구 성공 확률 높다

골프가 거리의 게임이라고 해서 드라이빙 콘테스트에 출전한 선수처럼 무턱대고 장타력만 과시한다고 좋은 것은 아니다. 물론 과감한 타구를 통해 버디나 이글을 노리는 경우가 없는 것은 아니다. 그렇지만 이것도 어느 정도의 수준에 도달한 사람(적어도 핸디캡이 한 자리 숫자인)에게나 해당되는 말이다.

골프에서 장타가 유리한 것만은 사실이다. 그러나 18홀 중에 타구 거리(장타)가 절대적으로 유리한 홀이 몇 홀이나 있을까. 경우에 따라서는 아이언으로 티샷을 해야 다음 타구가 쉬워지는 홀도 있다. 이런 홀은 장타보다는 정확한 단타가 오히려 유리하고, 드라이버 대신 아이언을 쓰는 것이 보다 적극적인 공략 방법이다.

이것은 티샷에만 해당되는 일은 아니다. 앞에 연못이 있고 벙커가 있어 그린(핀)을 직접 겨냥하기에는 아무래도 마음에 걸리는 지점이 있다. 잘하면 장애물을 넘길 수도 있지만 그렇지 못하면 장애물에 걸리게 되는 그런 경우 성공 가능성은 반반(50:50)이다. 그러나 이 확률은 불안과 자신감의 결여 때문에 오히려 성공보다는 실패의 확률이 훨씬 높다.

짧게 치면 자신감과 안정성이 가미되어 다음 타구를 성공시킬 수 있는 가능성은 높아진다. 그렇다면 어느 쪽이 적극적이고 효과적인 공략 방법이겠는가. 아무리 적극적이고 과감한 플레이를 강조해도 위험성을 무시해서는 안 된다. 모 아니면 도가 아니라 때로는 단타로 만족하는 용기도 필요하다.

짧은 채로 스윙을 익히면 효과 크다

뿌린 대로 거두는 것이 자연의 섭리다. 콩 심은 데 콩 나고 팥 심은 데 팥이 나지만, 콩을 심었는데 팥이 나지는 않는다. 그러나 노력한 것만큼 성과가 나타나지 않는 것이 골프의 생리요 어려움이다. 그것은 골프에 쏟는 정성이나 자질이 없어서가 아니라 연습 방법에 문제가 있기 때문이다. 연습장을 찾는 사람들은 대개 긴 것(Long Shot)을 연습하는 데만 열중한다. 연습장에 갈 때 드라이버는 반드시 가지고 간다. 이것만 보더라도 일반 골퍼들이 얼마만큼 긴 것에 매달리고 있는가를 알 수 있다. 드라이버로는 항상 풀샷(Full Shot)을 하게 된다.

하기야 드라이버가 제대로 맞지 않으니 드라이버샷을 연습할 수밖에 없는 심정은 이해가 되지만 이것은 잘못된 생각이다. 긴 클럽을 휘두르게 되면 자기의 타구가 공을 바로 맞히고 있는지 아닌지조차 분간하기 어렵다. 이처럼 노동 같은 연습을 거듭하다 코스에 나가 보면 노력한 만큼의 결과는 고사하고 여전히 실망을 안은 채 돌아오게 된다.

드라이버샷이 잘 안 되는 것은 스윙이 나쁘기 때문이다. 스윙은 긴 것이나 짧은 것이나 같지만 채가 길수록 휘두르기가 어려워진다. 그래서 짧은 채로 스윙을 익히는 것이 가장 효과적인 방법이다. 긴 클럽만을 휘두르다 보면 스윙이라는 본연의 모습을 잊어버리게 된다. 스윙을 익히는 방법은 크게 휘두르는 것보다는 작게 휘두르는 편이 훨씬 쉽고 정확하기 때문이다.

개성 있는 스윙이 실력 향상 지름길

1타에 눈을 뜨고 다시 다음 1타에 실망하는 그런 경기가 골프라는 이상 야릇한 스포츠다. 아침에 자신을 얻었는가 하면 저녁에는 다시 실망과 환멸을 느끼게 되는, 그러면서도 결코 버리지 못하는 마력을 지닌 것이 골프다. 나이스샷을 했을 때는 그 순간의 감각이 몸 속에 남아 있게 된다. 몸의 회전도, 체중 이동도 자연스럽고, 스윙은 가볍고 헤드업 같은 것도 일어나지 않는다. "바로 이것이다" 하고 진리를 찾은 것처럼 자신에 넘친 만족감에 흠뻑 젖기도 한다. 그렇지만 다음 타구 때는 이미 배뱅이(나이스샷)는 오간 데 없이 사라지고 다시 미스샷으로 돌아간다. 왜 그럴까…….

스윙이 좋으면 타구도 좋고 스윙이 흔들리면 그 결과는 보나마나 미스샷이 되지만, 아무리 스윙 폼이 이상해도 타이밍과 리듬만 맞으면 그것대로 괜찮은 스윙이라고 말할 수도 있다. 스윙할 때마다 타이밍과 리듬이 다르면 아무리 스윙 폼이 좋아도 결과까지 좋을 수는 없다. 극단적으로 말하면 아무리 엉성한 스윙을 해도, 몇백번을 휘둘러도 똑같이 휘두를 수만 있으면 그것이 그 사람에게 맞는 스윙이고 개성 있는 스윙 스타일이다.

그렇기 때문에 스스로 개성을 찾아내는 기술이 곧 골프 기술이 느는 길인 것이다. 어쩌다 나이스샷이 돼도 그것이 반복되지 않으면 진정한 의미의 나이스샷이 못 된다. 잡힐 듯 잡힐 듯하면서도 잡히지 않는 신기루를 쫓듯, 결코 잡히지 않는 자신감을 추구하는 골프의 매력은 영원히 계속될는지도 모른다.

실력에 맞게 도망 가는 지혜도 필요

적극적으로 공격한다는 것은 이기기 위해서는 꼭 필요한 마음가짐이다. 항상 공격적인 플레이를 하는 것은 바람직한 일이지만, 실력 이상으로 무리하게 만용을 부리면 좋은 결과보다는 큰 상처만 입게 된다.

게임에 이기는 것은 프로 골퍼에게만 필요한 것이 아니다. 아마추어 골퍼도 게임에 이기기 위해서는, 때로는 얼른 보면 소극적인 것처럼 보이는 도망 가는 지혜도 있어야 한다. 티샷이 길면 장애물에 걸리거나, 잘 맞아도 페어웨이가 내리막일 경우 공격적인 플레이를 한다 해서 무턱대고 티샷을 멀리 보낼 필요는 없다. 티샷은 짧게 해서 다음 타구를 쉽게 할 수 있는 지점을 노리면 어렵지 않게 파플레이가 가능하다. 티샷의 거리가 길면 남는 거리는 짧아지지만 다음 타구의 라이(Lie)가 내리받이(Down Slope)에 걸리게 된다면, 오히려 먼 거리의 평지보다도 타구 조건이 어려워진다. 아무리 공격적인 플레이를 표방한다 해도 이런 경우 드라이버 대신 3번 우드나 4번 우드로 확실하게 평지의 페어웨이를 목표 지점으로 삼는 것이 보다 현명한 방법이다.

만일 벙커 공포증에 걸려 있는 사람이라면 되도록 벙커를 피해서 치는 것도 본인에게는 적극적인 공격이 되는 것이다. 또 모험하기를 꺼리는 사람은 자기 실력에 맞게 도망 갈 구멍을 찾는다고 소극적이라고 단정할 수는 없다. 다음 타구를 쉽게 할 수 있는 지점으로 공을 보내는 것은 한수를 내다보는 보다 적극적인 기술인 것이다.

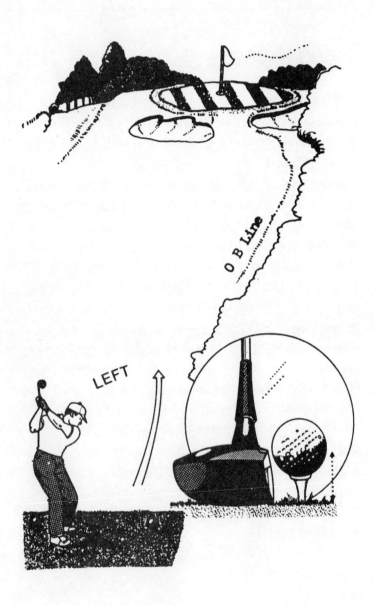

컨디션-구질이 코스 공략 좌우한다

코스 경계선 밖(Out of Bounds)으로 공을 쳐넣고 싶은 사람
은 아무도 없을 것이다. OB는 플레이 금지 구역이다. 그래서 백
색 말뚝만 보면 우선 겁부터 집어먹게 된다. 오른쪽이 아웃 오
브 바운즈이면 팅그라운드 오른쪽에서 페어웨이 왼쪽으로 공략
하게 된다. 또 왼쪽이 OB지역이면 왼쪽에서 오른쪽으로……
이것이 OB를 피하는 코스 공략 방법이고 골퍼의 일반적인 상
식이다.

이처럼 장애물을 피해서 플레이하는 것은 골퍼의 본능적인 심
리다. 그래서 그런지 초보자 중에는 OB를 피하려고 OB선 반대
편에서 코스를 공략하려다 오히려 OB가 나는 광경을 자주 본다.
아마 이런 사람들 때문에 정석이란 것이 있는지도 모른다. OB
선 쪽에 서서 OB선 반대쪽을 보고 티샷을 하면 페어웨이를 넓
게 쓸 수 있어 어느 정도 공이 굽어도 OB선 밖으로 나가지는
않는다.

그렇지만 코스를 완벽하게 공략하기 위해서는 이것만으로는
부족하다. 누구에게나 자기만의 독특한 구질(버릇)이 있다. 훅성
의 구질이 있는가 하면 슬라이스성 구질도 있다. OB를 피하기
위한 코스의 이용 방법도 이 구질에 따라 결정돼야 한다. 비록
버릇 같은 구질은 없다손치더라도 그날의 컨디션에 따라 구질이
바뀔 수도 있다.

그렇기 때문에 정석대로 플레이하면서도 정석보다 더 의미가
깊은 (실제로 스코어를 좌우하는) 요소가 있다는 것을 잊어서는
안 된다. 그것이 구질이고 그날의 컨디션이다.

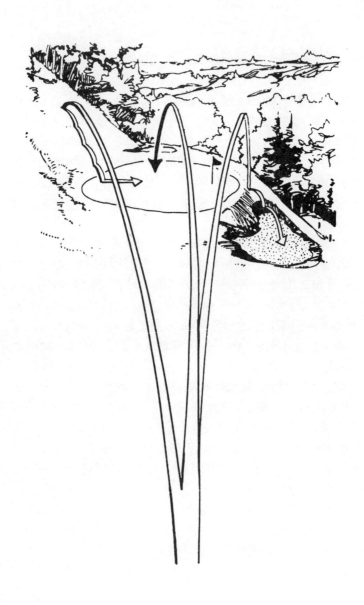

핸디캡 무시한 플레이는 자살 행위

골프는 한 타구에서 다음 타구로 이어가는 게임이다. 타수가 적을수록 기량이 뛰어난 결과이지만, 한 방(1타)으로 판가름나는 것은 홀인원(Ace)뿐이다. 그렇기 때문에 항상 다음 타구를 염두에 두고 플레이하는 것이 작전상의 묘미다. 말하자면 한수 앞을 내다보는 게임을 하자는 말이다. 자기 분수(핸디캡)를 모르는 적극적인 공격 방법은 과욕이고 만용이다. 다음 타구를 편하게 할 수 있는 지점으로 공을 보내는 것이 자기 분수를 지키는 현명한 태도다.

그린을 겨냥하는 타구에서 핀이 그린 오른쪽에 꽂혀 있고 그 오른쪽에 크고 깊은 벙커가 있다고 가상해 본다. 그린 왼쪽은 밋밋한 언덕이어서 안전 지대라 치자. 이런 상황에서 초보자들까지도 프로 골퍼처럼 직접 핀을 노린다. 과욕 탓일까……. 요행을 보려는 것일까……. 아니 무턱대고 쳐보는 것일 게다. 분수도 모르고 작전도 없는 게임을 한다. 잘못 돼서 (당연한 결과지만) 공이 오른쪽 벙커에 들어가면 실력은 제쳐 놓고 운이 나쁜 것으로 돌려 버린다. 파렴치하고 무책임한 일이다. 바로 여기에 결정적인 작전상의 잘못이 있는 것이다. 벙커에 넣었기 대문에 더블보기, 더블 파까지도 기록하는 최악의 상태에 빠지고 만다.

웬만큼 자신이 없으면 핀이 어디 꽂혀 있든 그린 중앙을 겨냥하는 것이 바람직하다. 만일 그린 왼쪽으로 공이 날아갔다 해도 거기서 핀까지의 어프로치샷은 쉬워서 아직도 파플레이의 기회는 남아 있다. 다음 타구 때 실수를 재발하지 않는 타구와 전략으로 이어가는 것이 골프의 묘미이고 어려움이다.

장애물 넘길 때 과감하게 대처하라

골프 코스에는 두 가지 유형이 있다. 나이스샷에 대한 응보형과 미스샷에 대한 과벌형이 그것이다. 아무렇게나 파놓은 것 같은 벙커(꼭 벙커가 아니라도 연못 같은 장애물들)도 목적이 있어서 그 자리에 있게 한 것이 설계자의 생각이다. 그 벙커만 넘기면 최상의 공격 루트가 나타날 때 그 벙커는 공격할 만한 충분한 가치가 있는 장애물이 되는 셈이다. 크로스 벙커나 사이드 벙커 옆에 공이 떨어지면 다음 타구를 위해서는 최적의 지점이다. 이런 때 벙커를 피해서는 안 되고 적극적으로 장애물을 정면으로 공략해야 한다.

이와는 반대로 함정으로 파놓은 장애물은 미스샷에 대한 책임을 묻기 위해서이고 (벌을 주기 위해서) 팅그라운드 바로 앞의 연못 같은 것이 그런 부류에 속한다. 이런 홀에서 티샷이 땅볼이 되면 공은 어김없이 물 속으로 빠지게 된다. 아무리 경관을 아름답게 하기 위해서 만든 연못도 일반 골퍼에게는 공포와 위압감만 줄 뿐이다.

명문 코스란 기량의 우열이 그대로 나타나도록 설계된 코스라야 한다. 그래서 약자를 괴롭히는 쪽보다는 발군의 실력을 갖춘 강자의 나이스샷이 그대로 스코어로 나타나는 포상형 장애물이 많은 것이다. 그 대표적인 코스가 매년 4월이면 열리는 마스터스 대회의 본고장 어거스터 내셔널 코스(미국 조지아주)다.

그런 코스에서는 과감하게 도전해서 그 장애물만 넘기면 버디의 찬스가 있지만, 평범한 소극적인 공략은 파 플레이는 고사하고 보기 플레이조차 어려운 지경에 이른다.

욕심은 금물······ 확률 높이기 힘쓰라

골프의 특성을 표현하는 말들은 많다. 그 중의 하나가 골프는 확률의 게임이라는 것이다. 물론 이 말은 골프는 미스샷이 있다는 전제에서고, 간혹 완전한 플레이가 가능해도 결코 그것이 오래도록 지속되지 않는다는 속성에서다. 20~30cm의 퍼팅도 놓치는 경우는 있지만, 대개 50cm 정도의 퍼팅은 99% 정도 들어간다. 그것이 1m가 되면 확률은 70~80%로 떨어진다. 또 10m의 어프로치샷은 90% 이상 그린에 올릴 수 있어도, 50m의 거리에선 그렇게 쉽지는 않다. 100m 밖에서 그린에 올릴 수 있는 확률이 80%가 넘으면 그것은 프로급 실력이다.

사람마다 자기가 싫어하고 좋아하는 거리가 있다. 어느 거리에서라면 확실하게 그린에 올릴 수 있는지를 확인하고 그 확률을 높여 가는 것이 골프 게임이다. 절대로 아마추어 골퍼가 빠지기 쉬운 요행수를 바라는 골프를 해서는 안 된다. 도박이나 투기라면 어느 정도의 모험은 있을 수 있다. 그러나 골프는 도박도 아니고 투기도 아니다. 고작 50~60%의 확률을 놓고 모험을 해서는 안 되는 것이 골프 게임의 묘미이고 분수(실력)를 지키는 플레이다. 얼핏 보기엔 쉽게 느껴지는 코스에도 함정은 있게 마련이어서 어느 때 어떤 난국에 봉착할지 모른다.

골프 게임은 분수에 맞게 운용해야 자신도 즐겁고 남도 즐겁게 할 수 있다. 가능하면 100%의 정확한 타구가 바람직하지만 골프에 그런 보증은 있을 수 없다. 다만 1%라도 확률이 높은 타구를 하는 것보다 더 좋은 묘약은 없다.

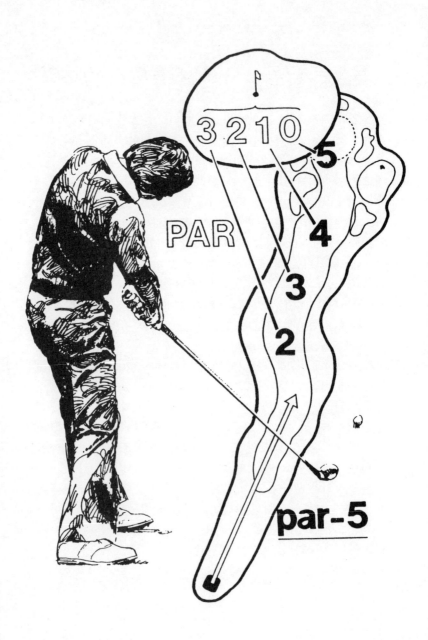

자기 구질 특성 살려 코스 공략하라

하나의 불행은 또 다른 불행을 낳는다는 말이 있다. 이것을 두고 화불단행(禍不單行)이라고 한다. 골프에서의 화란 바로 미스샷을 말한다. 골프에 미스샷이 없을 수 없지만 미스샷이 난다 하더라도 그것 때문에 제2, 제3의 미스샷을 유발해서 최악의 상태로 몰고 가는 일은 없어야 한다. 바로 이것이 플레이어의 판단 능력이다. 그렇지만 일반 아마추어 골퍼는 항상 나이스샷만을 꿈꾸게 된다. 빨랫줄 같은 티샷이 페어웨이 한복판에 떨어지고…… 제2타는 어김없이 그린 위에 올라가고…… 그리고 2퍼트…… 아무리 에누리해도 파플레이다. 이것이 바로 제분수를 모르는 착각이고 아전인수다.

미스샷이 없는 완전무결한 플레이를 18홀 계속한다는 것은 우선 불가능한 일이고, 일반 골퍼가 그런 플레이를 하려면 오히려 골프 자체가 부담스럽고 어려워질 뿐이다. 타구마다 직구만 때릴 수도 없다. 슬라이스가 나면 이를 감안해서 플레이해야 하고, 혹이 날 것 같은 상황에서는 이것을 염두에 두고 작전을 세워야 한다. 이것이 바로 골프가 머리의 싸움이라는 대목이다.

물론 직구처럼 좋은 구질은 없다. 그렇지만 사람에 따라 슬라이스만 나는 사람 또는 어떤 타구도 반드시 혹이 나는 사람은 자기의 독특한 구질을 살려서 코스 공략을 해야 한다. 슬라이스나 혹을 고치는 것은 연습장에서 해야 할 일이다. 혹이든 슬라이스든 자기 구질의 특징을 살려서 코스를 공략하는 방법을 찾아야 한다. 홀마다 파플레이, 때리는 타구마다 직선 장타일 수는 없다.

이 책을 펴내면서

골프의 기술이 하루 아침에 이루어지는 것은 아니다. 그렇다고 아무리 노력해도 효과가 없을 정도로 어려운 것도 아니다.

하나의 타구를 위한 골프 이론은 수없이 많다. 그것은 마치 산에 오르는 길이 여러 갈래이듯, 모든 길이 로마로 통하듯, 어떤 타법으로든지 공은 반드시 홀컵 속으로 들어가게 마련이다. 다만 어느 길이 내가 오르기에 편리한 길이고 어떻게 하면 타수를 줄일 수 있느냐 하는 것이 문제일 뿐이다.

골프 기량은 아주 작은 요령 하나라도 내 것으로 만들면 몰라 보게 달라진다. 때로는 연습하는 과정에서 스스로 눈을 뜨게 되는 경우도 있을 것이고, 때로는 유명 프로 골퍼의 이론이나 지도로 효과적인 타법을 배울 수도 있을 것이다. 그러나 그 이론을 이해하고 그 지도를 '내 것'으로 받아들이기에는 우리의 힘이 이에 미치지 못한다.

'콜롬브스의 달걀'같은 이론과 요령을 통해 초보자에게는 100의 벽을 깨는 기본을, 중견 골퍼에게는 90의 험난한 길을 헤쳐나갈 용기와 슬기를, 80의 준령을 넘어 70의 정상에 도전하는 골퍼에게는 이에 상응하는 기술과 방법을 널리 알리고자 노력하고 있다.

나에게 골프 인생의 바른 길을 열어준 오늘이 있기까지에는 우리나라 골프계에서 입은 은혜가 말할 수 없이 크다. 그래서 '골프에서 얻은 것을 골프로 돌려 주어야 한다'는 책임감을 느껴 빚을 갚는 심정으로 연재를 계속하고 있으며, 이 뜻을 펴기에 온갖 힘을 쏟고 있다.

더욱이 이 연재를 계획하고 모자라는 지식을 보태 주는 〈스포츠 서울〉편집국 여러분의 각별한 배려와 1986년부터 오늘까지 5년 동안 이어오는 「골프특강」에 대한 150만 〈스포츠 서울〉독자 여러분의 한결 같은 격려와 성원에 감사를 드린다.

여기에 수록한 몇 줄의 글이 여러분이 걸어가는 골프 인생의 길을 밝게 비춰 주는 이정표가 된다면 더없는 기쁨이고 영광이겠다.

우리 모두 홀인원의 꿈을 안고 즐겁고 건강한 골프 인생을 살아가기를 바라면서…….

우 승 섭

우승섭골프특강 5
2005년 10월 19일 5쇄 발행

지은이　우 승 섭

1958 연세대학교 영문과 졸업
1969 신동교역(주) 대표이사
1971 수출포상 대통령 표창 수상
1976 .우일양행(주) 대표이사
1989-1990 한국체육대학 강사
1986-1998 스포츠서울에 골프칼럼 연재(3,750회)
1990-1998 스포츠서울 논평위원
1990-1995 MBC 골프 해설위원
1996-1997 숙명여자대학교 강사
1998-1999 한국외국어대학교 강사
1992-현재 대한골프협회 경기위원
1998-현재 매경 TV (MBN) 비즈니스 골프 룰 해설
1998-현재 매일경제 및 매경 TV 자문위원
1999-현재 조선일보 뉴욕판 골프 칼럼 연재 중
2001-현재 SBS GOLF 채널 해설위원
2001-현재 SBS GOLF 채널 "마스터 골프 룰" 해설

골프 구력 : 45년
공인핸디캡 : 3
베스트스코어 : 68
클럽 챔피언 : 70년 관악CC. 71년 한양CC. 72년, 75년, 78년 안양CC.

저서 및 역서　NHK 골프
　　　　　　　타이거우즈
　　　　　　　우승섭골프특강 전5권 (명지사)
　　　　　　　수필 다수

발행처　명 지 사
대　표　최 병 문
전　화　02-2271-3117
팩　스　02-2264-9029
이메일　polybd@kornet.net
주　소　서울 중구 장충동 2가 190-5 폴리빌딩
등　록　1978년 6월 8일 (제5-28호)

가격 15,000원